JUSTICE
MILITAIRE

INSOUMISSION. — DÉSERTION.

Volume mis à jour à la date du 1er février 1928.

CHARLES-LAVAUZELLE & Cie

Editeurs militaires

PARIS, Boulevard Saint-Germain, 124

LIMOGES, 62, Avenue Baudin | 53, Rue Stanislas, NANCY

1928

N° 59¹.

JUSTICE MILITAIRE

INSOUMISSION. — DÉSERTION.

Volume mis à jour à la date du 1er février 1928.

CHARLES-LAVAUZELLE & Cⁱᵉ
Editeurs militaires
PARIS, Boulevard Saint-Germain, 124
LIMOGES, 62, Avenue Baudin | 53, Rue Stanislas, NANCY

1928

JUSTICE MILITAIRE

I. — INSOUMISSION.

Instruction relative à l'insoumission. — Armée de terre (troupes métropolitaines et troupes coloniales). — Exclus.

Paris, le 20 mars 1906.

Extraits de la loi du 1er avril 1923 sur le recrutement de l'armée (1).

TITRE V.

Art. 90. Tout jeune soldat appelé ou tout autre militaire dans ses foyers, rappelé à l'activité, à qui un ordre de route a été régulièrement notifié et qui, hors le cas de force majeure, n'est pas arrivé à sa destination au jour fixé par cet ordre est, après un délai de trente jours en temps de paix, considéré comme insoumis et puni des peines portées par l'article 230 du Code de justice militaire.

(1) Remplaçant l'extrait de la loi du 21 mars 1905.

Sont également considérés comme insoumis tout engagé volontaire et tout militaire qui, après renvoi dans ses foyers, a contracté un engagement si, hors le cas de force majeure, ils ne sont pas arrivés à leur destination, en temps de paix, dans les trente jours qui suivent le jour fixé par leur feuille de route.

La notification de l'ordre de route est faite par un agent de la force publique au domicile de l'appelé; en cas d'absence de celui-ci, elle est faite au maire de la commune dans laquelle l'appelé a été porté sur la liste de recensement. Dans tous les cas, il est dressé par l'agent procès-verbal de la notification.

Le délai d'insoumission est porté en temps de paix : à deux mois pour les hommes affectés à des corps de l'intérieur, qui demeurent en Algérie, en Tunisie, au Maroc, ou hors de France en Europe, et pour les hommes affectés à des corps de l'Afrique du Nord, qui demeurent en Europe; à six mois pour les hommes demeurant dans tout autre pays.

Si l'insoumis appartient à un corps mobilisé ou faisant partie de troupes en opérations, ou si son corps est stationné sur un territoire compris dans la zone des armées, les délais fixés par les paragraphes 1 et 2 sont réduits à deux jours et ceux fixés par le paragraphe 5 sont réduits de moitié. Dans ce cas, les noms des insoumis sont affichés, pendant toute la durée de la mobilisation ou des opérations, dans toutes les communes du canton de leur domicile; les insoumis qui sont condamnés sont, à l'expiration de leur peine, envoyés dans une section spéciale.

Dans aucun cas, le temps pendant lequel les hommes visés aux paragraphes qui précèdent n'ont pas été présents sous les drapeaux ne compte dans les années de service exigées.

La prescription contre l'action publique résultant de l'insoumission ne commence à courir que du jour où l'insoumis a atteint l'âge de 50 ans.

ART. 91. Quiconque est reconnu coupable d'avoir sciemment recélé ou pris à son service un homme recherché pour insoumission ou d'avoir favorisé son évasion est puni d'un emprisonnement qui ne peut excéder six mois ou d'une amende qui ne peut excéder cinq cents francs.

La même peine est prononcée contre ceux qui, par des manœuvres coupables, ont empêché ou retardé le départ des jeunes soldats.

Si le délit a été commis à l'aide d'un attroupement, la peine est double.

Si le délinquant est fonctionnaire public, employé ou agent

de l'Etat, des départements et des communes ou ministre d'un culte subventionné, la peine peut être portée jusqu'à deux années d'emprisonnement, et il est, en outre, condamné à une amende qui ne peut excéder deux mille francs.

Sont exceptées des dispositions pénales prévues par le présent article les personnes désignées dans le dernier paragraphe de l'article 248 du Code pénal.

Art. 92. En temps de paix, les militaires en congé dans leurs foyers, en attendant leur passage dans la disponibilité, les hommes de la disponibilité et des réserves qui, étant rappelés à l'activité en vertu de la loi, par voie d'affiches ou par ordres d'appel individuels, ne se sont pas, hors le cas de force majeure, rendus le jour fixé au lieu indiqué par les affiches ou ordres d'appel, ou qui, étant convoqués d'urgence et sans délai, ont excédé le temps strictement nécessaire pour se rendre à leur destination, peuvent être contraints par l'autorité militaire à rejoindre leur poste. Ils sont passibles d'une punition disciplinaire.

Si, sur notification faite en la forme indiquée à l'article 90, à la résidence déclarée, et en cas d'absence, au maire du domicile, d'un ordre de route individuel leur réitérant l'ordre de rejoindre, les hommes désignés au paragraphe précédent ne se présentent pas à leur destination dans les quinze jours suivant le jour fixé par cet ordre, ils sont considérés comme insoumis et passibles des pénalités de l'insoumission.

Lorsqu'ils appartiennent à un corps mobilisé ou faisant partie de troupes en opérations, ou lorsque leur corps est stationné sur un territoire compris dans la zone des armées, les militaires, rappelés autrement que par voie de mobilisation au moyen d'affiches ou de publications sur la voie publique, sont déclarés insoumis si, sur notification directe d'un ordre de route, ils ne se rendent pas à leur destination dans les deux jours suivant le jour fixé par cet ordre.

En cas de mobilisation, les militaires rappelés sont déclarés insoumis si, hors le cas de force majeure, ils ne se sont pas conformés aux mesures prescrites par l'ordre de route contenu dans leur livret pour assurer leur arrivée à destination.

Par exception aux dispositions qui précèdent, les hommes se trouvant dans le cas prévu à l'article 55 de la présente loi ne seront, en cas de mobilisation ou de rappel de leur classe par décret, déclarés insoumis que s'ils ont excédé de quinze jours en temps de paix, ou de deux jours dans les cas prévus aux paragraphes 3 et 4 ci-dessus, les délais strictement nécessaires pour se rendre, par les voies les plus rapides, directement de leur résidence à la destination qui leur est assignée.

Les dispositions des paragraphes 3, 4 et 5 de l'article 90 sont applicables aux hommes visés par le présent article.

Tout homme qui n'a pas rejoint au jour indiqué par l'ordre d'appel qui lui a été adressé pour des manœuvres ou exercices peut être astreint, par l'autorité militaire, à faire ou à compléter dans un corps de troupe le temps de service pour lequel il était appelé.

Sont passibles de peines disciplinaires les hommes de la disponibilité et des réserves ayant contrevenu aux obligations qui leur sont imposées par les articles 29, 55 et 56 de la présente loi.

Les punitions disciplinaires infligées aux hommes des réserves dans leurs foyers ne peuvent pas excéder huit jours de prison. Ce maximum est réduit à quatre jours pour les hommes appartenant à la deuxième réserve.

L'autorité militaire assure l'exécution de ces punitions dans les locaux disciplinaires des corps les plus rapprochés.

Art. 93. Les dispositions des articles 90 et 92 sont applicables aux militaires de tout grade.

Aux peines prévues à l'article 230 du Code de justice militaire, s'ajoute la destitution si l'insoumis est titulaire d'un grade d'officier et si l'insoumission a eu lieu en temps de guerre.

INSTRUCTION

TITRE Ier.

DISPOSITIONS GÉNÉRALES.

Définition du délit d'insoumission. — Dispositions législatives.

Article 1er. Le délit d'insoumission est défini dans les articles 83 et 85 de la loi du 21 mars 1905 (vol. 68[1]) (1).

D'autre part, l'article 84 (1 *bis*) de la même loi édicte les peines dont sont passibes les personnes qui favorisent ou cherchent à couvrir le délit d'insoumission.

Temps de service à accomplir.

Art. 2 (2). Conformément aux dispositions de la loi du 21 mars 1905 (3), le temps pendant lequel l'engagé volontaire ou le jeune soldat aura été insoumis ne compte pas dans les années de service exigées.

Par suite, tous les insoumis qui sont arrêtés ou se présentent volontairement doivent, jusqu'à l'âge de 50 ans, accomplir leurs obligations militaires même s'ils ont été l'objet d'un refus d'informer, d'une ordonnance de non-lieu ou d'un acquittement. à moins que ce refus d'informer, cette ordonnance de non-lieu ou cet acquittement ne soient basés sur ce que l'intéressé ne doit aucun service militaire, soit parce qu'il est étranger, soit pour tout autre motif.

Divisions de la présente instruction.

Art. 3. La présente instruction a pour but de régler l'application des dispositions législatives.

En raison de la situation différente faite par la loi elle-même aux insoumis, selon la catégorie à laquelle ils appartiennent, il convient, pour l'application rationnelle de ces dispositions, de distinguer si l'homme prévenu d'insoumission appartient :

---

(1) Remplacés par les articles 90 et 92 de la loi du 1er avril 1923. (Voir pages 3 et 5.)

(1 *bis*) Remplacé par l'article 91 de la loi du 1er avril 1923. (Voir pages 4 et 5.)

(2) Nouvelle rédaction. (Circulaire du 17 novembre 1909, *B. O.*, p. 1863.)

(3) Remplacé par le paragraphe 6 de l'article 90 de la loi du 1er avril 1923.

1° A l'armée active (troupes métropolitaines et troupes coloniales) en qualité de jeune soldat appelé, de réformé temporaire rappelé, d'engagé volontaire, ou de rengagé ayant contracté son rengagement dans ses foyers ;

2° A la disponibilité ou à la réserve de l'armée active (1) (troupes métropolitaines et troupes coloniales);

3° A l'armée territoriale ou à la réserve de l'armée territoriale (2);

4° Aux exclus de l'armée.

Des chapitres différents sont, en conséquence, consacrés aux dispositions de détail à prendre à l'égard des hommes de ces différentes catégories ; les dispositions communes font l'objet d'un chapitre spécial.

TITRE II.
FORMALITÉS A REMPLIR.

CHAPITRE Ier.

ARMÉE ACTIVE (TROUPES MÉTROPOLITAINES ET TROUPES COLONIALES).

Jeunes soldats appelés. — Réformés temporaires rappelés à l'activité. Engagés volontaires. — Rengagés dans leurs foyers.

Jeunes soldats. — Réformés temporaires rappelés.

Temps de paix. — Ordre d'appel.

Art. 4. Un ordre d'appel est adressé à tous les jeunes soldats du contingent pour les inviter à rejoindre leur corps d'affectation.

Les jeunes soldats signalés comme résidant à l'étranger reçoivent, par l'intermédiaire du Ministre des affaires étrangères, un duplicata de l'ordre d'appel. En tête de cette copie, les commandants de recrutement portent, en caractères apparents, à l'encre rouge, la mention suivante : « Communication faite à M.... de la copie de l'ordre d'appel adressé à son domicile en France, et, en marge et en haut également, le lieu de résidence à l'étranger ainsi que l'adresse. » Deux traits en croix sont tirés sur les « observations de la gendarmerie ».

Quant aux jeunes soldats autorisés à devancer la mise en activité, ils sont traités comme les engagés volontaires, ainsi qu'il est dit ci-après.

---

(1) Actuellement disponibilité et première réserve (article 2 de la loi du 1er avril 1923).

(2) Actuellement deuxième réserve (loi du 1er avril 1923.)

Suivant les prescriptions de la loi, les jeunes soldats appelés rejoignent directement et individuellement, au jour fixé par leur ordre d'appel, les corps ou fractions de corps auxquels ils sont affectés. Toutefois, ceux qui sont désignés pour des corps stationnés en Corse, en Algérie ou en Tunisie, se rendent au jour fixé par leur ordre d'appel au bureau de recrutement de la subdivision de leur résidence d'où ils sont mis en route.

Ordre de route.

Art. 5. Si, dans les délais fixés par l'ordre d'appel, le jeune soldat (1) n'a pas rejoint sa destination, le chef de corps renvoie au commandant du bureau de recrutement dont l'homme relève les deux livrets que ledit bureau avait établis à son nom ; il y joint la liste nominative qui lui avait été adressée et sur laquelle il fait connaître que le jeune soldat n'est pas arrivé. Un ordre de route, conforme au modèle n° 5 annexé à la présente instruction, est alors notifié par les soins du commandant du bureau de recrutement au domicile de chacun des jeunes gens qui ne se sont pas présentés. Ces ordres de route sont notifiés dans les dix jours qui suivent la date de l'incorporation du contingent et portent convocation pour le 3 novembre (2); c'est donc à partir du 4 de ce mois (2) que commencent à courir les délais de grâce accordés par la loi. En cas d'absence de l'intéressé de son domicile, l'ordre de route est notifié au maire de la commune dans laquelle l'appelé a été inscrit sur les tableaux de recensement. Si le maire est absent ou empêché, l'ordre de route est notifié : dans les grandes villes, à celui des adjoints qui a dans ses attributions le service militaire et, dans les autres localités, à l'adjoint, sans qu'il y ait lieu d'indiquer que ce dernier a reçu la délégation du maire (3).

Pour les jeunes soldats envoyés en Corse, en Algérie et en Tunisie, l'ordre de route est notifié dans les dix jours suivant la date mentionnée sur l'ordre d'appel et porte convocation pour le quinzième jour suivant cette même date. C'est à partir de ce jour que commencent à courir les délais de grâce prévus par la loi.

---

(1) Le réformé temporaire rappelé à l'activité étant, d'après les termes de l'article 83 de la loi du 21 mars 1905 (art. 90 de la loi du 1ᵉʳ avril 1923), assimilable, en ce qui concerne le délit d'insoumission, à un jeune soldat, ce qui est dit dans cet article et les suivants pour le cas d'un jeune soldat s'applique aussi au réformé temporaire rappelé.

(2) Ces dates ne sont plus exactes car elles visaient l'incorporation, en une seule fois, du contingent annuel.

(3) Alinéa modifié par la notification du 18 juillet 1908. (*B. O.*, p. 1248.)

Le jeune soldat appelé auquel un ordre de route a été régulièrement notifié, et qui ne rejoint pas sa destination dans les délais fixés par cet ordre de route, peut, et sans qu'il soit besoin que les délais de grâce prévus par la loi soient atteints, être dirigé sur son corps sous l'escorte de la gendarmerie. Il est passible d'une punition disciplinaire à son corps.

Déclaration d'insoumission. — Etablissement du signalement n° 1.

Art. 6. Si, dans le délai de trente jours fixé par l'article 83 modifié de la loi du 21 mars 1905 (art. 90 de la loi du 1er avril 1923), l'homme ne s'est pas présenté soit à son corps, soit au bureau de recrutement, et n'a pas été découvert, il est, à l'expiration dudit délai, déclaré « insoumis », annoté et signalé comme tel par le commandant du bureau de recrutement qui établit à son nom le signalement conforme au modèle n° 1.

Ce signalement est envoyé immédiatement par le commandant du bureau de recrutement :

1°. . . . . (1);

2° Aux préfets des départements désignés ci-après, savoir :

a) Celui au contingent duquel l'insoumis appartient;

b) Celui où l'insoumis avait son dernier domicile ou sa résidence;

c) Celui où il est né;

d) Celui où ses père et mère sont domiciliés;

3° Aux chefs d'escadron commandant la gendarmerie de chacun de ces départements;

4° Au préfet de police;

5° Au procureur de la République de l'arrondissement du lieu de naissance de l'insoumis;

6° Au Ministre de l'intérieur (2).

Plainte à porter contre l'insoumis.

Art. 7. Le commandant du bureau de recrutement adresse en même temps au général commandant la subdivision de région un rapport en forme de plainte (modèle n° 4 ci-joint 1re partie). Ce rapport est, conformément aux prescriptions de l'article 94 du Code de justice militaire, accompagné des pièces suivantes :

(1) Supprimé. (Modifications du 18 mars 1916, *B. O.*, p. 233.)
(2) Alinéa modifié par la circulaire du 18 février 1908 (voir page 93).

1º Copie de la notification faite à domicile de la lettre de mise en activité (c'est-à-dire procès-verbal de la notification de l'ordre de route);

2º Copie des pièces annonçant que l'insoumis n'est pas arrivé à la destination qui lui avait été assignée;

3º Exposé des circonstances qui ont accompagné l'insoumission;

4º Signalement modèle nº 1.

Le procès-verbal de notification annexé à l'ordre de route constituant la base légale de l'insoumission ne peut être annulé, même s'il contient des irrégularités, pour être remplacé par un autre.

Par suite, les fiches d'affectation classées au groupe 19 (insoumis) concernant des hommes ayant été l'objet d'un ordre de route contenant des irrégularités dans le procès-verbal de notification ne peuvent être retirées de ce groupe qu'à la suite d'une décision judiciaire (1).

L'exposé des circonstances doit résumer fidèlement et complètement l'affaire, en indiquant exactement les opérations diverses auxquelles a donné lieu la non-comparution de l'homme. Ce document a une importance réelle et peut être d'un grand secours à l'autorité militaire chargée de statuer, ainsi qu'au rapporteur du conseil de guerre appelé à instruire.

Le général vise la plainte et la renvoie au commandant du bureau de recrutement qui la place au dossier de l'homme.

Temps de guerre ou de mobilisation.

Art. 8. Dans ces circonstances, dès que les délais de grâce prévus par la loi sont atteints, le commandant du bureau de recrutement déclare l'homme insoumis et procède immédiatement à l'envoi du signalement nº 1 et de la plainte nº 4, 1ʳᵉ partie, ainsi qu'il est dit plus haut (art. 7).

Les hommes résidant à l'étranger reçoivent, à titre officieux, un duplicata de l'ordre de route établi à leur nom. La déclaration d'insoumission est prononcée, pour les hommes résidant à l'étranger comme pour ceux résidant en France, dans les délais spéciaux fixés par l'article 83 modifié de la loi du 21 mars 1905. (Art. 90 de la loi du 1ᵉʳ avril 1923.)

---

(1) Alinéa modifié. (Modification du 1ᵉʳ mars 1926, *B. O.*, p. 709.)

Engagés volontaires et rengagés dans leurs foyers.

Temps de paix.

Art. 9. L'article 83 de la loi du 21 mars 1905 (art. 90 de la loi du 1er avril 1923) prescrit à l'égard des engagés volontaires et des rengagés dans leurs foyers les mêmes dispositions que pour les jeunes soldats appelés. Il comprend dans son texte la généralité des engagés volontaires, sans distinction de nationalité, qui ont été admis à contracter régulièrement un engagement pour un des corps de l'armée française. Il s'applique donc à l'étranger qui contracte un engagement au titre de l'un des régiments étrangers.

Dès que l'engagement ou le rengagement a été contracté, le sous-intendant militaire adresse au chef de corps le bulletin de renseignements modèle n° 3 et prévient le commandant de recrutement qui établit ou complète les livrets et les envoie au corps. Si l'homme a rejoint, le chef de corps transmet simplement le bulletin de renseignements au commandant du bureau de recrutement de son domicile ; dans le cas contraire, après les délais de tolérance expirés, il y joint les livrets qui lui ont été adressés par les soins dudit commandant de recrutement. En ce qui concerne les étrangers la notification devra être faite au lieu de leur résidence, si celle-ci est connue, et dans le cas contraire au maire de la commune où l'engagement a été contracté. Si le chef de corps reçoit sans bulletin de renseignements modèle n° 3 les livrets d'un homme qui n'a pas rejoint, il réclame aussitôt ce bulletin au sous-intendant militaire du lieu où l'acte a été contracté. Dans ce cas, le sous-intendant militaire établit la feuille de route et la fait notifier au domicile de l'intéressé, et en cas d'absence au maire de la commune.

Il est ensuite procédé à l'égard de l'engagé volontaire ou du rengagé comme il a été dit en ce qui concerne les jeunes soldats, étant entendu que la feuille de route tient lieu d'ordre de route. Une expédition de l'acte d'engagement est jointe à la plainte en insoumission. Le signalement n° 1 est envoyé aux préfets des départements où l'engagé ou le rengagé a contracté l'acte qui le lie au service, où il avait son dernier domicile ou sa résidence, où il est né, où ses père et mère sont domiciliés.

Temps de guerre ou de mobilisation.

Art. 10. En temps de guerre ou de mobilisation il est procédé, à l'égard de l'engagé volontaire ou du rengagé dans ses foyers, comme il a été dit en ce qui concerne les jeunes soldats.

CHAPITRE II.

RÉSERVE DE L'ARMÉE ACTIVE (TROUPES MÉTROPOLITAINES ET TROUPES COLONIALES), ARMÉE TERRITORIALE ET RÉSERVE DE CETTE ARMÉE.

(Actuellement, disponibilité, première et deuxième réserve;
loi du 1er avril 1923.)

Insoumission en temps de paix.

Formalités pour constater le délit d'insoumission dans le cas des appels annuels.

Art. 11. Dans le plus bref délai possible et au plus tard le troisième jour de chaque période d'exercice, les corps de troupe adressent aux commandants de recrutement la liste des hommes qui n'ont pas rejoint. Si les hommes se présentent après cette date, avis en est immédiatement donné par le corps au commandant de recrutement.

Les commandants de recrutement font remettre par la gendarmerie, aux hommes qui n'ont pas rejoint, un ordre de route individuel (modèle 5 bis) (1) les convoquant au bureau de recrutement.

La date de convocation inscrite sur cet ordre doit être telle qu'il s'écoule trois jours francs entre le jour de la notification par la gendarmerie et celui de la mise en route pour rejoindre.

L'ordre de route ainsi établi doit être notifié à l'intéressé en personne ou, s'il est absent, au maire de la commune de son domicile.

Si l'homme se présente au commandant de recrutement et si celui-ci apprécie que la période peut être accomplie immédiatement, il le dirige sur le corps et avise le chef de corps qu'il lui appartient de prononcer une punition disciplinaire, s'il y a lieu (article 85 de la loi du 21 mars 1905, remplacé par l'article 92 de la loi du 1er avril 1923).

---

(1) Modification du 1er mars 1926. (B. O., p. 709.)

Si, à raison de la date de la présentation, le commandant de recrutement estime qu'il vaux mieux convoquer l'homme pour la période suivante, il lui remet l'ordre d'appel pour cette période et lui inflige, s'il est fautif, une punition qui est immédiatement subie.

Si l'homme se présente directement au corps, le chef de corps opère comme il vient d'être dit pour le commandant de recrutement et avise ce dernier qui, le cas échéant, fait remettre à l'homme un ordre d'appel pour la période suivante.

Dans le cas où l'homme n'obéit pas à son ordre de route, il est considéré comme insoumis à l'expiration des délais fixés par l'article 85 de la loi du 21 mars 1905 (art. 92 de la loi du 1ᵉʳ avril 1923), et le commandant de recrutement établit le signalement modèle n° 1 qu'il adresse aux autorités indiquées à l'article 6.

Les dispositions du présent article ne sont pas applicables aux hommes de la réserve de l'armée territoriale (1) convoqués pour assister à des revues ; ces hommes ne sont, en cas de retard ou manquement à ces revues, passibles que de punitions disciplinaires.

Hommes des différentes réserves résidant à l'étranger (2).

Art. 12. Lorsqu'en temps de paix, un homme de la disponibilité ou des réserves, en résidence déclarée à l'étranger, est rappelé à l'activité et n'obéit pas à son ordre d'appel, le commandant du bureau de recrutement dont relève l'intéressé établit un ordre de route individuel et l'adresse dans les conditions fixées par l'article 328 de l'instruction du 29 juillet 1926, pour être notifié à l'homme rappelé, à l'agent diplomatique ou consulaire de la circonscription dans laquelle il réside.

L'original et la copie du procès-verbal de notification sont modifiés d'après les indications contenues dans le modèle 5 *ter* (anciennement 6 *ter*).

Pour permettre à l'homme de rejoindre à la date fixée, un délai suffisant, variable suivant le lieu de sa résidence, est laissé entre la date à laquelle est établi l'ordre de route et celle à laquelle l'intéressé devra se présenter à sa destination.

Ce délai est indépendant du délai d'insoumission prévu par les articles 90 et 92 de la loi du 1ᵉʳ avril 1923 (anciennement fixé par les articles 83 et 85 de la loi du 21 mars 1905).

---

(1) Actuellement 2ᵉ réserve (art. 1ᵉʳ de la loi du 1ᵉʳ avril 1923).
(2) Nouvelle rédaction. (Rectificatif du 27 mai 1927, *B. O.*, p. 1031.)

Si le commandant du bureau de recrutement est avisé que l'ordre de route individuel n'a pu être notifié à l'homme rappelé, par suite de l'absence de ce dernier de sa résidence déclarée, il devra faire notifier sans délai l'ordre de route au maire du domicile légal de l'intéressé.

Ces dispositions sont également applicables, en temps de guerre, aux hommes rappelés individuellement.

Formalités à remplir pour constater le délit d'insoumission en temps
de paix, en cas de rappel de classe par décret.

Art. 13. Lors du rappel de leur classe par décret, les hommes des réserves sont déclarés insoumis dès qu'ils ont excédé de quinze jours les délais strictement nécessaires pour se rendre, par les voies les plus rapides, directement de leur résidence à la destination qui leur est assignée.

Toutefois, pour les hommes affectés à des corps de l'intérieur et demeurant hors de France, on applique dans ce cas les délais prévus au 5ᵉ alinéa de l'article 83 de la loi du 21 mars 1905 (1).

Les hommes qui n'ont pas rejoint dans les délais ci-dessus sont signalés au commandant de recrutement qui établit, et envoie aux autorités visées à l'article 6, le signalement n° 1 et dresse la plainte en conseil de guerre (modèle n° 4 ou n° 4 *bis*).

Insoumission en temps de mobilisation et en temps de guerre.

Art. 14. En cas de mobilisation, les militaires rappelés sont déclarés insoumis, si, hors le cas de force majeure, ils ne se sont pas conformés aux mesures prescrites par l'ordre de route contenu dans leur livret (fascicule de mobilisation) pour assurer leur arrivée à destination, mesures qui comportent l'obligation, non seulement de rejoindre telle ou telle gare, mais de prendre le train qui leur sera indiqué, d'y rester jusqu'à destination, etc.

Lorsqu'ils appartiennent à un corps mobilisé ou faisant partie de troupes d'opérations, ou lorsque leur corps est stationné sur un territoire compris dans la zone des armées, les militaires rappelés autrement que par voie de mobilisation et au moyen d'affiches ou de publications sur la voie publique sont déclarés insoumis si, sur notification directe d'un ordre de route, ils ne se rendent pas à leur destination dans les deux jours suivant le jour fixé par cet ordre.

____

(1) Aujourd'hui 4ᵉ alinéa de l'article 90 de la loi du 1ᵉʳ avril 1923.

Les hommes qui, en cas de déplacement, se sont conformés aux dispositions de l'article 45 de la loi du 21 mars 1905 (1), ont droit, en cas de mobilisation ou de rappel de leur classe, à des délais supplémentaires, et ne sont déclarés insoumis que s'ils ont dépassé de deux jours les délais strictement nécessaires pour se rendre, par les voies les plus rapides, directement de leur résidence à la destination qui leur est assignée.

A l'expiration des délais tels qu'ils résultent des paragraphes ci-dessus, les chefs de corps ou de détachement, et les chefs de service, adressent aux commandants de recrutement, la liste des hommes qui n'ont pas rejoint.

Les hommes ainsi signalés seront déclarés « insoumis » ; ceux qui appartiennent à un corps de troupe sont rayés des contrôles de ce corps. Les uns et les autres sont classés comme insoumis et recherchés comme tels (1).

Pour chaque canton, les commandants de recrutement établissent la liste des hommes domiciliés dans le canton, déclarés insoumis. Ces listes sont envoyées aux préfets, qui les font afficher dans toutes les communes du canton (art. 83 de la loi du 21 mars 1905 (2).

Les insoumis du temps de paix, détenteurs d'un livret contenant un ordre de route, rappelés à la mobilisation, sont déclarés insoumis en temps de guerre ou de mobilisation si, hors le cas de force majeure, ils ne se sont pas conformés aux mesures prescrites par l'ordre de route contenu dans leur livret pour assurer leur arrivée à destination (3).

Dans tous les autres cas, les insoumis du temps de paix ne sont déclarés insoumis en temps de guerre ou de mobilisation que si, après notification, dans la forme légale, d'un ordre de route, ils ne sont pas arrivés à la destination qui leur a été fixée à l'expiration des délais impartis par les articles 90 et 92 de la loi du 1ᵉʳ avril 1923 sur le recrutement de l'armée (3).

Le commandant de recrutement qui constate le fait établit, lorsque l'homme est arrêté ou se présente volontairement, une plainte en conseil de guerre, modèle n° 4 *bis*, 2ᵉ partie, constatant les deux délits et les mentionnant séparément et d'une façon distincte.

Dispositions communes au temps de paix comme au temps de guerre.

Art. 15. Les hommes de la réserve de l'armée active, de l'ar-

---

(1) Alinéa modifié. (Modification du 1ᵉʳ mars 1926, *B. O.*, p. 709.)
(2) Remplacés par les articles 55 et 90 de la loi du 1ᵉʳ avril 1923.
(3) Texte nouveau. (Modification du 29 novembre 1924, *B. O.*, p. 3219.)

mée territoriale et de la réserve de cette armée (1) pouvant n'être pas munis de leur livret au moment de leur arrestation ou de leur présentation volontaire, leurs états de service doivent toujours être joints par les commandants de recrutement aux dossiers de la plainte en insoumission.

CHAPITRE III.

EXCLUS.

Art. 16. La situation, au point de vue du recrutement, de l'administration des hommes de cette catégorie est réglée par l'instruction du 15 janvier 1903 (vol. 57 *quater*).

Les insoumis qui encourent une des condamnations qui, aux termes de l'article 4 de la loi du recrutement, les excluent de l'armée ne sont pas, par ce fait, relevés des conséquences des infractions qu'ils ont commises. Leurs fiches d'affectation sont donc conservées au groupe 19 (insoumis) avec l'indication, toutefois, qu'ils sont affectés aux sections d'exclus (2).

Les exclus étant, selon les condamnations qui les ont frappés, divisés en deux catégories : *Exclus métropolitains* et *Exclus coloniaux*, relevant, la première du ministère de la guerre, la seconde de celui des colonies, les commandants des bureaux de recrutement adressent soit à l'un, soit à l'autre de ces Départements, selon le cas, un état nominatif et un état signalétique des individus appartenant à ces catégories. Les signalements sont également envoyés aux autorités qui ont qualité pour les recevoir. Il est procédé, à l'égard des exclus métropolitains insoumis, comme il est prescrit pour les hommes de l'armée active.

Ces insoumis sont traduits devant les conseils de guerre.

Si un exclu à qui un ordre de route a été régulièrement notifié ne se présente pas au jour indiqué au bureau de recrutement compétent, pour être dirigé sur une section d'activité, le commandant de ce bureau le fait aussitôt rechercher et envoyer au dépôt de Collioure sous escorte de la gendarmerie. S'il ne peut être retrouvé, avis en est donné au commandant du pénitencier militaire de Bicêtre (a) et au commandant du bureau de recrute-

---

(1) Actuellement, lire : « Les hommes de la disponibilité et des réserves pouvant n'être... (art. 2 de la loi du 1er avril 1923).

(2) Alinéa modifié. (Modificatif du 1er mars 1926, B. O., p. 709.)

(a) Le pénitencier militaire de Bicêtre est supprimé.

ment compétent. Après l'expiration des délais légaux, l'exclu est déclaré insoumis par le commandant du bureau de recrutement dans les formes indiquées plus haut à l'article 6. La plainte n° 4, 1re partie, est communiquée pour visa au général commandant la subdivision.

En cas de présentation volontaire ou d'arrestation, l'exclu insoumis reçoit une destination déterminée comme il est dit ci-après.

CHAPITRE IV.

DISPOSITIONS COMMUNES A TOUTES LES CATÉGORIES DE L'ARMÉE ACTIVE ET DE L'ARMÉE TERRITORIALE (1).

Fichier des insoumis [groupe 19 (2)].

Art. 17. Les fiches d'affectation des insoumis forment le groupe 19 du fichier tenu par le commandant du bureau de recrutement. Ce groupe comprend tous les hommes, quelle que soit la catégorie dont ils font partie.

Les fiches concernant les insoumis devront mentionner, pour chacun d'eux, outre les renseignements communs à toutes les fiches d'affectation, les indications suivantes :

1° Jour fixé par l'ordre ou la feuille de route pour se présenter à la destination qui lui était assignée;

2° Jour où il a été déclaré insoumis;

3° Date de l'envoi du signalement n° 1 et autorités auxquelles il a été adressé;

4° Circonstances particulières de l'insoumission;

5° Cause de radiation de l'insoumission;

6° Date de l'envoi de l'avis de radiation;

7° Date de l'envoi de la plainte et autorité à qui elle a été adressée.

Le commandant du bureau de recrutement constitue le dossier de la plainte en insoumission. Il devra conserver ce dossier jusqu'à la date où l'insoumis aura atteint l'âge de 53 ans, à moins qu'avant cette date, sa situation n'ait été régularisée.

Jusqu'à ce qu'il ait été statué sur leur cas par refus d'informer, non-lieu ou jugement, les insoumis restent, au

---

(1) Actuellement : armée active et ses réserves (art. 2 de la loi du 1er avril 1923).

(2) Texte modifié. (Modificatif du 1er mars 1926, *B. O.*, p. 709.)

point de vue du recrutement, dans la catégorie où ils se trouvaient au moment où ils ont été déclarés insoumis (1).

Devoirs des fonctionnaires civils et militaires et de la gendarmerie dans la recherche et la poursuite des insoumis, ainsi que des personnes qui favorisent l'insoumission.

Art. 18. Les sous-préfets et les maires correspondent directement avec les préfets : les commandants de brigade de la gendarmerie avec le commandant de la gendarmerie du département, pour rendre compte de toutes les mutations parvenues à leur connaissance dans la position des hommes signalés comme insoumis. Avis de ces mutations est transmis exactement par le préfet et le commandant de la gendarmerie au commandant du bureau de recrutement auquel appartient l'insoumis, afin qu'elles soient consignées sur sa fiche d'affectation (2). Les préfets, de leur côté, se donnent réciproquement tous les avis nécessaires au sujet des insoumis absents de leurs départements et correspondent avec le Ministre de la guerre pour ceux qui sont à l'étranger.

Les préfets donnent à tous les fonctionnaires et agents civils, et spécialement aux gardes champêtres et forestiers, l'ordre précis de se concerter avec la gendarmerie pour la recherche et l'arrestation des insoumis et de lui transmettre tous les renseignements clairs qu'ils peuvent se procurer sur le lieu de leur retraite.

Les préfets se concertent avec les officiers généraux ou supérieurs commandant sur les lieux pour toutes les mesures propres à réprimer l'insoumission.

Les maires doivent seconder avec zèle les recherches de la gendarmerie et s'empresser de lui communiquer tous les renseignements et indices parvenus à leur connaissance sur le lieu présumé de la retraite des insoumis.

Les préfets font connaître aux maires qu'ils sont tenus, sous leur responsabilité personnelle, de coopérer de tout leur pouvoir à l'exécution des mesures prescrites pour faire rejoindre les insoumis, soit en fournissant à la gendarmerie toutes les indications de nature à seconder son action, soit en employant toutes les ressources de leur influence pour établir, parmi les hommes appe-

---

(1) Un arrêt de la Cour de cassation en date du 8 août 1901 (affaire Auvray) dispose que les effets de l'insoumission ne remontent pas au jour où l'absence est constatée, mais au jour de la déclaration d'insoumission.

(2) Modifications du 1er mars 1926. (B. O., p. 709.)

lés, l'entière conviction qu'ils ne sauraient se soustraire impunément à l'obligation du service. En contribuant à faire rejoindre les hommes appelés avant l'expiration des délais légaux, en les remettant même entre les mains de la gendarmerie, les maires évitent à ces hommes des condamnations qui seraient prononcées contre eux s'ils se mettaient en état d'insoumission et qui figureraient à leur casier judiciaire.

Les maires doivent porter leur attention sur les étrangers qui viennent s'établir dans le ressort de la commune qu'ils administrent et recommander à tous les agents de l'administration de vérifier avec soin les papiers susceptibles d'établir l'identité des voyageurs qui, par leur âge, paraissent appartenir à l'armée active ou à l'armée territoriale (1). Ils peuvent également se faire présenter le livret indiquant la position militaire de l'homme et vérifier sa situation au point de vue des services accomplis.

Les militaires de la gendarmerie doivent également s'acquitter de cette vérification.

Afin d'aider la gendarmerie dans ses opérations, les commandants de recrutement communiquent aux commandants de compagnie de gendarmerie, à qui le signalement n° 1 a été envoyé au moment de l'insoumission, tous les renseignements de lieux ou de personnes qui ont pu leur parvenir. Ces officiers de gendarmerie prescrivent dans leurs départements ou provoquent dans d'autres départements, s'il y a lieu, toutes investigations utiles dont ils surveillent ou suivent l'exécution. Les recherches sont coordonnées et continuées jusqu'à l'arrestation de l'insoumis en vertu du signalement n° 1 ou la réception de l'avis de radiation (2).

Dès qu'un commandant de gendarmerie a été avisé qu'un insoumis est réfugié dans un département autre que celui de son domicile, il en prévient sur-le-champ le commandant de la gendarmerie de ce département et lui transmet le signalement de l'insoumis.

Enfin, il est recommandé aux autorités civiles et militaires, chacune dans la limite de ses attributions, de faire poursuivre et livrer aux tribunaux toutes personnes qui se rendraient coupables de l'un des délits prévus par l'article 84 de la loi du 21 mars 1905 (art. 91 de la loi du 1er avril 1923).

Gratifications pour arrestations (3).

Art. 19. Une gratification de 25 francs est allouée à quiconque

---

(1) Lire à l'armée active ou à ses réserves. (Loi du 1er avril 1923.)
(2) Texte nouveau. (Circulaire du 27 juillet 1922, *B. O.*, p. 2525.)
(3) Texte nouveau. (Modifications du 31 juillet 1913, *B. O.*, p. 982.)

arrête un insoumis. Mais cette gratification n'est acquise qu'autant que l'individu arrêté se trouve réellement en état d'insoumission. Elle n'est pas due lorsque le délinquant se constitue volontairement prisonnier ou est arrêté pour une cause autre que l'insoumission.

Le paiement de cette gratification est effectué d'après les règles tracées dans l'instruction relative à l'exécution du décret fixant les dépenses des tribunaux militaires.

Il est recommandé aux maires de faire connaître ces prescriptions aux gardes champêtres ou forestiers, aux agents de police ou aux habitants.

Vérification à faire pendant la tournée de revision.

Art. 20. Lorsque le conseil de revision commence les opérations de l'appel d'une classe, le commandant du bureau de recrutement se munit d'une liste des insoumis (1) pour chacun des cantons où le conseil doit se transporter ; à l'arrivée du conseil dans un canton, il met sous les yeux du préfet les noms des insoumis de ce canton. Le préfet réunit les maires et se fait donner tous les renseignements pouvant servir à la découverte de ces insoumis.

Si les renseignements obtenus, concernant les insoumis absents du département, font connaître le lieu où ils sont réfugiés, le commandant du bureau de recrutement dresse, en double expédition, un bulletin de recherches conforme au modèle numéro 64 (1), annexé à la présente instruction. L'une de ces expéditions est immédiatement transmise par lui au commandant de gendarmerie du lieu de retraite et l'autre est laissée au préfet qui, de son côté, et afin d'avoir une garantie de l'exactitude apportée dans les recherches, en fait l'envoi au préfet de la résidence.

Dispositions à suivre à l'égard des insoumis qui se présentent volontairement
ou qui sont arrêtés. — Temps de paix.

Art. 21. L'insoumis qui se présente volontairement ou qui est arrêté est l'objet d'une plainte en conseil de guerre établie conformément au modèle n° 4, 2° partie, ou n° 4 *bis*, 2° partie, annexé à la présente instruction.

Insoumis se présentant volontairement. — Lorsqu'un insoumis se présente volontairement au bureau de recrutement

---

(1) Modification du 1ᵉʳ mars 1926. (*B. O.*, p. 769.)

dont il relève, le commandant procède à la reconnaissance de son identité, adresse dans les vingt-quatre heures au gouverneur militaire ou au général commandant le corps d'armée (la division territoriale en Algérie ou au gouverneur de la colonie) la plainte modèle n° 4, 2ᵉ partie, ou n° 4 *bis*, 2ᵉ partie, avec les pièces réglementaires à l'appui. Le commandant du bureau fait ensuite délivrer une feuille de route à l'insoumis pour qu'il ait à se rendre sur-le-champ, librement, au chef-lieu du corps d'armée sur le territoire duquel la présentation a eu lieu.

L'insoumis qui se présente volontairement à la gendarmerie dans la circonscription de recrutement dont il relève est conduit par la gendarmerie au commandant du bureau, qui procède à son égard comme il est dit ci-dessus.

Si l'insoumis se présente soit à la gendarmerie, soit au commandant d'un bureau de recrutement dans une circonscription autre que celle dont il relève, soit enfin à son corps, il est conduit par la gendarmerie, après constatation d'identité, au chef-lieu du corps d'armée dans lequel la présentation a eu lieu.

Insoumis arrêtés. — L'insoumis arrêté est, après constatation de son identité, conduit directement de la gendarmerie au chef-lieu du corps d'armée sur le territoire duquel a eu lieu l'arrestation (1).

Que l'insoumis soit arrêté ou se présente volontairement, s'il s'agit d'un jeune soldat, d'un engagé ou d'un rengagé dans ses foyers ne tombant pas sous l'application des articles 4 et 5 de la loi de recrutement, il est immédiatement incorporé dans un corps stationné au chef-lieu du corps d'armée sur le territoire duquel il s'est présenté ou a été arrêté (1).

Toutefois, dans le cas où cette incorporation aurait eu pour effet de placer les insoumis dans une garnison plus rapprochée de leur domicile que celle qu'ils auraient dû rejoindre normalement, ils seront changés de corps, soit après le prononcé de la décision judiciaire prise à leur égard, s'ils ont bénéficié d'un refus d'informer, d'une ordonnance de non-lieu ou d'un acquittement, soit à l'expiration de leur peine s'ils ont été condamnés (1).

Les commandants de corps d'armée peuvent, en outre, prononcer le changement de corps de tout insoumis qu'ils estiment ne pas devoir laisser dans une garnison de choix (1).

---

(1) Nouveau texte (circulaire du 18 octobre 1912, *B. O.*, p. 1871).

Art. 22. *Insoumis rentrant de l'étranger.* — Les insoumis résidant à l'étranger, qui ont déclaré devant le consul de la circonscription de leur résidence l'intention de rentrer en France, doivent à leur arrivée sur le territoire de la République produire un duplicata de cette déclaration dûment certifiée. Sur le vu de cette pièce, l'autorité militaire du lieu d'arrivée leur délivre une feuille de route pour se rendre librement et directement au chef-lieu du corps d'armée sur le territoire duquel la rentrée a été effectuée.

Art. 23. *Avis de la présentation volontaire ou de l'arrestation au commandant de recrutement.* — S'il résulte des explications de l'insoumis ou des renseignements fournis par son escorte que le commandant du bureau de recrutement dont il relève n'a pas eu connaissance de sa présentation volontaire ou de son arrestation, le gouverneur militaire ou le général commandant le corps d'armée (le général commandant la division territoriale en Algérie) en informe immédiatement cet officier supérieur.

L'avis est accompagné :

1º Du procès-verbal constatant la présentation volontaire ou l'arrestation de l'insoumis; le signalement de ce dernier figure sur le procès-verbal dont le modèle est ci-joint;

2º Des pièces dont l'insoumis pourrait être porteur et qui seraient de nature à établir son identité;

3º D'un extrait du registre d'écrou, s'il y a lieu.

A l'arrivée de ces pièces, le commandant du bureau de recrutement s'assure qu'elles s'appliquent bien à l'insoumis qu'il a signalé comme tel. Dans ce cas, il envoie dans les vingt-quatre heures, au gouverneur militaire ou au commandant du corps d'armée (la division territoriale en Algérie ou au gouverneur de la colonie) sur le territoire duquel l'insoumis s'est présenté ou a été arrêté, une plainte rédigée conformément au modèle nº 4, 1ʳᵉ, 2ᵉ et 3ᵉ parties, ou nº 4 *bis*, 1ʳᵉ, 2ᵉ et 3ᵉ parties.

Dans le cas où l'individu qui s'est présenté volontairement ou a été arrêté ne serait pas reconnu pour être l'insoumis signalé, le commandant du bureau de recrutement en informe sans délai l'officier général qui lui a donné avis de la présentation ou de l'arrestation afin que celui-ci puisse prendre les mesures nécessaires pour faire constater la véritable position de l'individu et lui assigner, ensuite, telle destination qu'il appartiendra.

Envoi de l'avis de radiation (1).

Art. 24. Dès que le commandant du bureau de recrutement a

---

(1) Article modifié (18 mars 1916).

connaissance de la présentation volontaire ou de l'arrestation
d'un insoumis, il adresse aux différentes autorités qui auront reçu
le signalement n° 1 une expédition de l'avis de radiation de l'insoumission (1) dont le modèle est ci-joint, pièce indiquant le lieu
de la présentation ou de l'arrestation de l'homme et, dès la réception de cette pièce, le signalement n° 1 doit être renvoyé immédiatement à l'autorité de laquelle il émane par les autorités
chargées des recherches.

Liberté provisoire.

Art. 25. En attendant soit la décision judiciaire à intervenir,
soit l'ordre de mise en jugement, en conformité des prescriptions
des articles 99 et 108 du Code de justice militaire, les insoumis
qui se sont présentés volontairement peuvent être laissés en liberté
provisoire. La même faveur peut être accordée exceptionnelle-
ment aux insoumis arrêtés sur le compte desquels de bons renseignements ont été recueillis. Mais si les insoumis ainsi
dispensés de la détention préventive ne se tiennent pas à la disposition de la justice, ils sont immédiatement arrêtés et incarcérés.

Le soin d'user de cette faculté de la mise en liberté provisoire est laissé à l'appréciation du gouverneur militaire, du général commandant le corps d'armée (du général commandant
la division territoriale en Algérie et en Tunisie) qui agit de
concert avec le parquet militaire. Toutefois, en aucun cas, la
mise en liberté provisoire ne peut être accordée aux insoumis
qui doivent être incorporés dans un bataillon d'infanterie légère
d'Afrique ou dans une section d'exclus (2).

Les insoumis des réserves laissés en liberté provisoire qui
n'ont pas de moyens d'existence peuvent être mis en subsistance
dans l'un des corps stationnés dans la place où siège le conseil
de guerre pendant la durée de l'instruction judiciaire (2).

Suite à donner à la plainte portée contre l'insoumis.

Art. 26. Au reçu de la plainte, le général gouverneur militaire ou commandant de corps d'armée (commandant la
division territoriale en Algérie) ou le gouverneur de la colonie statue.

Les articles 99 et 108 du Code de justice militaire leur ac-
cordent la faculté de décerner un refus d'informer, à la

---

(1) Modification du 1ᵉʳ mars 1926. (B. O., p. 709.)
(2) Nouveau texte (circulaire du 18 octobre 1912).

réception de la plainte, ou de rendre une ordonnance de non-lieu après l'information judiciaire.

Une expédition du refus d'informer ou de l'ordonnance de non-lieu, ou un extrait du jugement prononcé, est, selon le cas, adressé en temps utile au commandant du bureau de recrutement, qui est tenu d'en faire mention sur ses fiches (1).

Quelle que soit la décision judiciaire intervenue à son égard, l'insoumis des réserves est tenu d'accomplir par rappel la ou les périodes d'exercices auxquelles il a précédemment manqué, dans les conditions déterminées par l'article 241 de l'instruction du 20 juin 1910 (B. O., É. M., vol. n° 71) (2). Le temps pendant lequel il a pu être placé en subsistance dans un corps de troupe en attendant le prononcé de la décision ne saurait en aucun cas entrer en déduction de ces périodes (3).

Quelle que soit la catégorie à laquelle l'homme appartient, les mutations en cas de condamnation sont portées de la façon suivante sur le registre matricule :

« Insoumis le........ Arrêté ou rentré volontairement le....

» Condamné le.............

» Réintégré à l'effectif le..... et affecté à tel régiment..... »

En cas d'acquittement, de refus d'informer ou d'ordonnance de non-lieu, il sera établi un nouveau feuillet et un nouveau livret matricule portant *exclusivement* la mention :

« Interruption des services du... au... (du jour de la mise en route au jour de l'arrestation ou de la présentation volontaire). »

Cette mention est indispensable pour permettre le calcul de la déduction des services prévue à l'article 83 de la loi du 21 mars 1905 (4) (art. 90 de la loi du 1er avril 1923).

Temps de guerre ou de mobilisation.

Art. 27. Les mêmes formalités sont accomplies à l'égard des insoumis en temps de guerre ou de mobilisation.

Toutefois, si un insoumis soit du temps de paix, soit du temps de guerre, ou ayant été déclaré insoumis dans les deux cas, se présente à un corps de troupe, il doit, quelle que soit la catégorie à laquelle il appartient (armée active ou armée territoriale) (5) être procédé comme il suit à son égard :

---

(1) Modification du 1er mars 1926. (B. O., p. 709.)
(2) Actuellement article 177 de l'instruction du 29 juillet 1926.
(3) Nouveau texte (circulaire du 18 octobre 1912).
(4) Texte nouveau. (Modifications du 12 février 1919, B. O., p. 591.)
(5) Armée active ou ses réserves (loi du 1er avril 1923).

Le corps le reçoit et l'incorpore au dépôt. Il signale aussitôt le fait au commandant du bureau de recrutement auquel l'homme appartient, en lui envoyant en même temps les renseignements permettant de constater l'identité et la situation de l'homme.

Si l'insoumis se présente à un bureau de recrutement, il est incorporé au régiment d'infanterie voisin, quelle que soit son arme, et placé au dépôt.

Les hommes dont il vient d'être question attendent au dépôt la suite (refus d'informer, ordonnance de non-lieu ou ordre d'envoi devant un conseil de guerre) qui sera donnée par le commandant du corps d'armée (de la division territoriale en Algérie) à la plainte en conseil de guerre établie par le commandant du bureau de recrutement de leur domicile.

L'insoumis qui est l'objet d'un refus d'informer, d'une ordonnance de non-lieu, ou qui est acquitté, est dirigé, s'il est encore soumis aux obligations militaires, dans le plus bref délai possible, sur les unités de campagne.

Affichage en temps de guerre du nom des insoumis.

Art. 28. En temps de guerre, par application des dispositions de l'article 83 modifié de la loi du 21 mars 1905 (art. 90 de la loi du 1ᵉʳ avril 1923), les commandants des bureaux de recrutement établissent, pour chaque canton, la liste des hommes domiciliés dans le canton déclarés insoumis. Ces listes sont envoyées aux préfets qui les font afficher dans toutes les communes du canton.

Insoumis qui excipent de la nationalité étrangère ou de la nullité de l'incorporation.

Art. 29. Quand un insoumis conteste sa nationalité et, par suite la validité de son incorporation dans l'armée française, cette contestation soulève une exception préjudicielle renfermant une question d'état que la juridiction civile peut seule résoudre à l'exclusion de toute autre juridiction. Dans cette hypothèse, le requérant doit être invité à se pourvoir devant le tribunal compétent, le conseil de guerre ne pouvant valablement intervenir qu'après règlement de la question d'état.

De même, lorsqu'un prévenu poursuivi pour insoumission excipe de la nullité de son incorporation, en la motivant soit sur ce qu'il était en possession d'un cas d'exemption légale, soit sur un vice de forme dans l'acte qui le lie au service, soit sur un motif quelconque d'ordre administratif, le conseil de guerre est tenu de surseoir à statuer sur le fond, jusqu'à ce qu'il ait été prononcé sur la question préjudicielle par l'autorité compétente.

Radiation de l'insoumission (1).

Article 30. Les fiches des hommes de toute catégorie classés comme insoumis, qui ne se sont pas présentés volontairement ou qui n'ont pas été arrêtés, ne peuvent être retirées du groupe 19 (insoumis) que dans les cas suivants :

1° S'ils sont décédés et sur le vu authentique des actes de l'état civil;

2° S'ils ont été inscrits dans une subdivision autre que celle où ils sont recherchés;

3° S'ils ont été classés comme insoumis à tort ou par erreur.

L'avis de radiation de l'insoumission de ceux qui se trouvent dans l'un de ces cas est envoyé, ainsi qu'il est dit dans la présente instruction. Ce document fait connaître la date et le lieu de décès ou tout autre motif ayant amené la radiation.

Compte à rendre au Ministre (1).

Art. 31. Les commandants des bureaux de recrutement adressent au Ministre de la guerre des états numériques trimestriels et annuels des insoumis conformes au modèle n° 8 (2) annexé à la présente instruction.

Etat trimestriel. — Est adressé sous le timbre du Bureau de la Justice militaire, aux dates des 15 avril, juillet et octobre, un état indiquant le nombre : 1° des insoumis restant à rechercher au dernier jour de l'avant-dernier trimestre; 2° des hommes déclarés insoumis pendant le dernier trimestre.

Etat annuel. — Est adressé en deux expéditions, l'une sous le timbre du Bureau de la Justice militaire, l'autre sous le timbre du Bureau du Recrutement, le 15 janvier de chaque année, un état indiquant le nombre : 1° des insoumis qui restaient à rechercher au 31 décembre de l'avant-dernière année; 2° des hommes déclarés insoumis pendant la dernière année.

---

(1) Modification du 1ᵉʳ mars 1926. (*B. O.*, p. 709.)
(2) Nouveau texte (modifications du 18 mars 1916).

MODÈLES[1]

INSOUMISSION

(1 Modifiés conformément à la circulaire du 10 mai 1912. (Vol. 594.)

MODÈLE N° 1.

Art. 6 de l'instruction des
20 mars 1906 et 10 octobre 1916.

Format du papier :
Hauteur, 0",21 ; Largeur, 0",31.

SIGNALEMENT d'un (1)
dénoncé comme insoumis, aux termes de l'article 90 de la loi du 1er avril 1923.

NUMÉROS : 1° Classe ; 2° Du registre matricule du recrutement ; 3° Du tirage ; 4° Du registre des engagés volontaires ou rengagés ; (a)	1° Nom de famille et prénoms de l'insoumis ; 2° Surnoms ; 3° Signalement.	ÉTAT MILITAIRE DU PRÉVENU : 1° Jeune soldat ayant devancé la mise en activité ; 2° Jeune soldat appelé ; 3° Engagé volontaire ; 4° Rengagé ; 5° Date de l'engagement ou du rengagement ; 6° Disponible ; (3) { 7° Réserviste, armée active ; 8° Soldat territorial ; 9° Réserv. territ. ; 10° Désigné pour le régiment d	DÉSIGNATION DU JOUR : 1° Où il aurait dû arriver au corps sur lequel il était dirigé ; 2° Où il a abandonné en route le détachement dirigé sur son corps d'affectation ; 3° Où il a été déclaré insoumis	CIRCONSTANCES particulières de l'insoumission.	INDICATION des diverses autorités auxquelles une expédition du présent signalement a été envoyée, et date de cet envoi (2).	OBSERVATIONS.
1° 2° 3° 4° 5°	1° 2° 3° Né le à canton d département d résidant à canton d département d profession d Fils d et d domiciliés à canton d département d Cheveux : Yeux : Front : Nez : Visage : . Renseignements physionomiques complémentaires : Taille 1 mètre centimètres. Taille rectifiée 1 mètre centimètres Marques particulières : Dernier domicile connu :	1° 2° 3° 4° 5° 6° 7° 8° 9° 10°	1° 2° 3°			Voir au dos changements de domicile et de résidence successifs.

(1) Jeune soldat *ou* engagé volontaire *ou* rengagé *ou* disponible *ou* réserve *ou* 2° réserve.

(2) Voir la nomenclature insérée à l'article 6 de l'instruction.

(3) 7° 1re réserve, 8° 2° réserve, 9° sans objet (loi du 1er avril 1923).

(a) Modification du 1er mars 1926, *B. O.*, p. 709.

CERTIFIÉ par nous   , commandant du bureau de recrutement.

A   , le   19   .

DOMICILES, RÉSIDENCES et ADRESSES SUCCESSIFS.	DOMICILES, RÉSIDENCES et ADRESSES SUCCESSIFS.	DOMICILES, RÉSIDENCES et ADRESSES SUCCESSIFS.

<table>
<tr><td>: CLASSE
de recrutement :
—
N° matricule :</td><td>BUREAU DE RECRUTEMENT

D</td><td>MODÈLE N° 2.
—
Art. 24 de l'instr. du
20 mars 1906.

Format du papier :
Hauteur...... 0^m,31.
Largeur...... 0^m,21.</td></tr>
</table>

AVIS DE RADIATION

DE

L'INSOUMISSION (a).

ÉTAT CIVIL.

Né le   1
à
canton d
département d
résidant à
canton d
département d
Fils d
et d
domiciliés à
canton d
département d

Marques particulières :

Le (1)
(2)
déclaré insoumis le
a été rayé de l'insoumission le
(3)

Prière de retourner le signalement n° 1 au bureau de recrutement.

A   , le   19 .

Le Commandant de recrutement,

(1) Jeune soldat disponible, de la 1re réserve, de la 2e réserve, etc. (loi du 1er avril 1923.)
(2) Nom et prénoms.
(3) Indiquer les causes de la radiation et également si l'homme est l'objet d'une plainte en conseil de guerre.
(a) Modification du 1er mars 1926, *B. O.*, p. 709.

CORPS D'ARMÉE.

MODÈLE N° 3.

SUBDIVISION

Art. 9 de l'instruction du
20 mars 1906.

BULLETIN DE RENSEIGNEMENTS

sur un jeune soldat autorisé à devancer la mise en activité, pour les troupes coloniales, ou sur un engagé volontaire, ou sur un rengagé ayant contracté son rengagement étant dans ses foyers.

NUMÉROS d'ordre à la liste matricule.	1° NOM ET PRÉNOMS. 2° SURNOMS. 3° SIGNALEMENT.	COMMUNE dans laquelle l'engagement ou le rengagement a été reçu.	CORPS sur lequel le jeune soldat, l'engagé, ou le rengagé a été dirigé.	DATE DE LA MISE en route.	DATE de L'ARRIVÉE au corps
	1° 2° 3° Né le à canton d dépar- tement d résident à canton d département d profession d fils d et d domiciliés à canton d département d Cheveux : yeux : front : nez : visage : Renseignements physiono- miques complémentaires. Taille 1 mètre cent. Taille rectifiée 1 m. cen. Marques particulières Dernier domicile connu				(Cette colonne doit être remplie au corps.)

A   , le   19 .

Le Sous-Intendant militaire,

Nous soussigné, commandant le
certifions que
l'engagé, le jeune soldat, ou le rengagé,
qui fait l'objet du présent bulletin, a été
incorporé et immatriculé sous le n°

A   le   19 .

Nous soussigné, commandant le
certifions que
l'engagé, le jeune soldat ou le rengagé
qui fait l'objet du présent bulletin, n'est
pas arrivé au corps.

A   le   19

(1)

MODÈLE N° 4.

SUBDIVISION d

Classe d

1ʳᵉ PARTIE.

Art. 7 et 21
de l'instruction
du 20 mars 1906.

(1) Gouvernement militaire de Paris ou de Lyon. • corps d'armée; • division militaire d'Alger; Oran, Constantine ou Tunisie: gouverneur de la colonie.
(2) Jeune soldat, engagé volontaire, rengagé ou réformé temporaire, rappelé à l'activité.
(3) Nom et prénoms.
(4) Désigner le corps.

SIGNALEMENT :

Né le
à
canton d
département d
résidant à
canton d
département d
Fils d
et d
domiciliés à
canton d
département d
Cheveux :
yeux :
front :
nez :
visage :

Renseignements physionomiques complémentaires.
Taille : 1 mètre   cent.
Taille rectifiée: 1 mètre
   centimètres.
Marques particulières :

Profession :

Format du papier : 31 × 21.

PLAINTE EN INSOUMISSION

contre le (2)   (3)   de la classe de   n° mˡᵉ   , qui ne s'est pas rendu à sa destination dans les délais fixés par les articles 90 et 92 de la loi du 1ᵉʳ avril 1923.

A Monsieur le Général commandant la   ᵉ subdivision de la   ᵉ région de corps d'armée.

Le commandant du bureau de recrutement d   soussigné, expose que le susnommé* se trouvant compris parmi les jeunes soldats appelés à l'activité, il lui a été adressé un ordre d'appel individuel auquel il n'a pas répondu ; un ordre de route lui a alors été notifié à l'effet de se rendre le   au bureau de recrutement d   pour rejoindre ensuite le (4)   qui lui a été assigné ; que, néanmoins, il ne s'est pas rendu à sa destination au jour fixé par ledit ordre de route et n'y a pas même paru dans les délais légaux.

Ou: que néanmoins, après s'être présenté audit bureau de recrutement au jour fixé par son ordre de route, et avoir été dirigé sur le (4)   , il n'y était pas rendu dans les délais légaux.

EXPOSÉ DES CIRCONSTANCES PARTICULIÈRES
(s'il y a lieu).

En conséquence, il a noté le susnommé comme prévenu d'insoumission sur le registre matricule** et sur la fiche d'affectation (a) et il a envoyé son signalement à qui de droit pour que recherche fût faite de sa personne, conformément aux lois et règlements.

Fait à   , le   19   .

Vu :
Le Général commandant la subdivision,

Le Commandant du bureau de recrutement,

---

*S'il s'agit d'un engagé volontaire ou d'un rengagé, ce paragraphe sera ainsi conçu :
« Engagé volontaire *ou* rengagé, suivant acte reçu le   , par le maire de la commune d   , canton d   , département d   , — *ou* le sous-intendant militaire d   (pour les engagés à la légion étrangère), — a obtenu une feuille de route pour rejoindre le (4)   ; que, néanmoins, il ne s'y est pas rendu et n'y avait même pas paru avant l'expiration des délais légaux.
« En conséquence, etc. »
S'il s'agit d'un jeune soldat autorisé à devancer la mise en activité pour entrer dans les troupes coloniales, modifier ainsi :
« ... a obtenu une feuille de route, etc. »
S'il s'agit d'un réformé temporaire rappelé à l'activité, le paragraphe est ainsi conçu :
« ... réformé temporairement, ne s'étant pas présenté au bureau de recrutement à l'expiration de son congé de réforme temporaire, il lui a été adressé un ordre d'appel individuel auquel il n'a pas répondu. »
**Si l'insoumis est un engagé volontaire, un rengagé ou un réformé temporaire, ce paragraphe est ainsi modifié :
« ... Il a noté le susnommé comme prévenu d'insoumission sur sa fiche d'affectation (a) et il a envoyé son signalement, etc. »
(a) Modification du 1ᵉʳ mars 1926, B. O., p. 709,*

2e PARTIE.

PLAINTE EN CONSEIL DE GUERRE.

À Monsieur le Général commandant le   e corps d'armée.

Le commandant du bureau de recrutement de   demande que le (1)
(2)
qui (3)   le
à   , soit traduit devant le conseil de guerre permanent de cette région pour y être jugé sous prévention d'insoumission, conformément aux dispositions des articles 90 et 92 de la loi du 1er avril 1923.

*EXPOSÉ DES CIRCONSTANCES PARTICULIÈRES CONNUES DEPUIS LA PRÉSENTATION VOLONTAIRE OU L'ARRESTATION.

(1) Jeune soldat, engagé volontaire, rengagé ou réformé temporaire, rappelé à l'activité.
(2) Nom et prénoms.
(3) S'est présenté volontairement *ou* a été arrêté.

Le soussigné demande, en outre, qu'il lui soit donné récépissé de la présente plainte.

Fait à   , le   19   .

Le Commandant de recrutement,

---

*Cet exposé a surtout pour but de faire connaître au commandement les faits qui pourraient motiver un refus d'informer, tels que démarches personnelles du prévenu, circonstances qui l'ont empêché d'être avisé de sa convocation, etc.

3e PARTIE.

BORDEREAU ÉNUMÉRATIF

DES

PIÈCES MISES A L'APPUI.

I. — *De la plainte en insoumission.*

1° Bulletin de recherches;
2° Procès-verbal de notification d'ordre de route (original);
3° **Procès-verbal de notification** de la copie officieuse envoyée à l'étranger (s'il y a lieu);
4°
5°

II. — *De la plainte en conseil de guerre.*

1° Procès-verbal de présentation volontaire *ou* d'arrestation;
2° Etat signalétique;
3°
4°

(1)

SUBDIVISION d

Classe de

(1) Gouvernement militaire de Paris ou de Lyon ; • corps d'armée ; • division militaire d'Alger, Oran, Constantine, Tunisie, Colonie.
(2) Disponible *ou* de la 1re réserve *ou* de la 2e réserve (loi du 1er avril 1923).
(3) Nom, prénoms.
(4) Disponibles *ou* des réserves (loi du 1er avril 1923.)
(5) Désigner le corps.

SIGNALEMENT.

Né le   1
à
canton d
département d
résidant à
canton d
département d
Fils d
et d
domiciliés à
canton d
département d
Cheveux :
yeux :
front :
nez :
visage :
Renseignements physionomiques complémentaires

Taille : 1 mètre   cent.
Taille rec'ifiée : 1 mètre
centimètres.
Marques particulières :

Profession :

Vu :

Le Général commandant la subdivision,

1re PARTIE.

MODÈLE N° 4 *bis.*

Art. 13, 14 et 21
de l'instruction
du 20 mars 1906.

Format du papier : 31 × 21.

PLAINTE EN INSOUMISSION

contre le (2)   (3)   *de la classe
de   n° m*le*   , qui ne s'est pas
rendu à sa destination dans les délais fixés par
les articles 90 et 92 de la loi du 1er avril 1923.*

A Monsieur le Général commandant la   • subdivision de la   • région de corps d'armée.

Le commandant du bureau de recrutement d
soussigné, expose que le susnommé*

EXPOSÉ DES CIRCONSTANCES PARTICULIÈRES
(s'il y a lieu).

En conséquence, il a noté le susnommé comme prévenu d'insoumission sur le registre matricule et sur la fiche d'affectation (a) et il a envoyé son signalement à qui de droit pour que recherche fût faite de sa personne, conformément aux lois et règlements.

Fait à   , le   19 .

Le Commandant du bureau de recrutement.

---

* *En temps de paix :* « Convoqué pour accomplir une période d'exercices, n'a pas obéi à son ordre de route dans les délais légaux, *ou,* faisant partie d'une classe rappelée par décret, n'a pas rejoint dans les délais légaux. »
En temps de guerre : «... Ne s'est pas, hors le cas de force majeure, mis en route conformément aux prescriptions de son fascicule de mobilisation. »
(a) Modification du 1er mars 1926, *B. O.*, p. 709.

2e PARTIE.

PLAINTE EN CONSEIL DE GUERRE.

*A Monsieur le Général commandant le •e corps
d'armée.*

Le commandant du bureau de recrutement
de   demande que le (1)
(2)
qui (3)   le
à   , soit traduit devant le Conseil
de guerre permanent de cette région pour y être
jugé sous prévention d'insoumission, conformément aux dispositions des articles 90 et 92 de la loi
du 1er avril 1923.

*EXPOSÉ DES CIRCONSTANCES PARTICULIÈRES CONNUES
DEPUIS LA PRÉSENTATION VOLONTAIRE OU L'ARRES-
TATION.

(1) Jeune soldat, engagé volontaire ou rengagé.
(2) Nom et prénoms.
(3) S'est présenté volontairement ou a été arrêté.

Le soussigné demande, en outre, qu'il lui soit
donné récépissé de la présente plainte.

Fait à   ,_le   19 .

Le Commandant de recrutement,

---

*Cet exposé a surtout pour but de faire connaître au commandement
les faits qui pourraient motiver un refus d'informer, tels que démarches personnelles du prévenu, circonstances qui l'ont empêché d'être
avisé de sa convocation, etc.

3e PARTIE.

BORDEREAU ÉNUMÉRATIF

DES

PIÈCES MISES A L'APPUI.

I. — *De la plainte en insoumission.*

1° Bulletin de recherches;
2° Procès-verbal de notification d'ordre de route (original);
3° Procès-verbal de notification de la copie officieuse envoyée à l'étranger (s'il y a lieu);
4°
5°
6°

II. — *De la plainte en conseil de guerre.*

1° Procès-verbal de présentation volontaire *ou* d'arrestation;
2° Etat signalétique;
3°
4°
5°

Modéle supprimé :

modification du 1er mars 1926, *B. O.*, p. 709.

MODÈLE Nº 5 (A).

—

Art. 5 de l'instruction
du 20 mars 1906.

SIGNALEMENT

DU JEUNE SOLDAT

désigné ci-contre.

—

Cheveux :
Yeux :
Front :
Nez :
Visage :

Renseignements physionomiques complémentaires.

Taille 1ᵐ centimètres.
Taille rectifiée 1ᵐ cent.
Marques particulières :

(A) Laisser 10 jours au moins
entre la date de l'envoi et celle
de la convocation, s'il s'agit
d'un engagé ou d'un rengagé.

Voir au dos « Changements
successifs de domicile et de
résidence ».

MINISTÈRE DE LA GUERRE.

ORDRE DE ROUTE.

LE MINISTRE DE LA GUERRE ordonne à M.

fils d   et d
né le   19   , à   canton d
département d   , ayant son domicile légal à   , canton
d   , département d   jeune soldat de la classe de 19
ou engagé ou réformé temporaire rappelé à l'activité ou rengagé affecté au
                de se mettre en route pour rejoindre ce corps.

M.   partira immédiatement pour se rendre à
au bureau de recrutement, où il se présentera le   , pour de là son ordre
de route être continué jusqu'à destination.

M.   est prévenu que s'il n'est pas arrivé au jour fixé par cet ordre,
il sera immédiatement recherché, et, s'il y a lieu, conduit sous escorte à sa destination.

Il sera, en outre, poursuivi comme insoumis dans les cas prévus par les articles 90 et 92 de
la loi du 1ᵉʳ avril 1923 et passible d'un emprisonnement d'un mois à un an si l'insoumission a eu
lieu en temps de paix ou de deux ans à cinq ans si l'insoumission a eu lieu en temps de guerre
ou en cas de mobilisation, conformément aux dispositions de l'article 230 du Code de justice
militaire.

Dans aucun cas, le temps pendant lequel l'intéressé n'aura pas été présent sous les drapeaux
ne comptera dans les années de service exigées. (A)

Fait et signé à   , le   19   .

Le Commandant du bureau de recrutement,

ARTICLE 91 DE LA LOI DU 1ᵉʳ AVRIL 1923.

Quiconque est reconnu coupable d'avoir sciemment recélé ou pris à son service un homme
recherché pour insoumission ou d'avoir favorisé son évasion est puni d'un emprisonnement
qui ne peut excéder six mois ou d'une amende qui ne peut excéder cinq cents francs.

La même peine est prononcée contre ceux qui, par des manœuvres coupables, ont empêché ou retardé le départ des jeunes soldats.

Si le délit a été commis à l'aide d'un attroupement, la peine est double.

Si le délinquant est fonctionnaire public, employé ou agent de l'Etat, des départements
et des communes ou ministre d'un culte subventionné, la peine peut être portée jusqu'à deux
années d'emprisonnement, et il est, en outre, condamné à une amende qui ne peut excéder
deux mille francs.

Sont exceptées des dispositions pénales prévues par le présent article les personnes désignées dans le dernier paragraphe de l'article 248 du Code pénal.

(1) *La personne de l'intéressé*, si l'ordre est remis à l'intéressé lui-même ; *la personne du maire de cette commune*, si l'intéressé est absent.

(2) Faire connaître les circonstances par suite desquelles l'intéressé n'a pas répondu à l'ordre d'appel. S'il est absent, le maire indiquera, d'une manière aussi précise que possible, le lieu de sa résidence actuelle.

(3) Indiquer le nom de la personne qui a visé l'original du procès-verbal (cette personne est la même à qui l'ordre de route a été remis).

(4) Si cette personne est le maire de la commune, le cachet de la mairie devra, de plus, être apposé.

(a) Texte nouveau. Rectificatif du 27 mai 1917, *B. O.*, p. 1031.

PROCÈS-VERBAL DE LA GENDARMERIE (*Copie*).

Cejourd'hui   19   , nous soussigné   gendarme   ,
à la résidence d   , agissant en vertu des ordres de M. le commandant du bureau de recrutement d   , avons notifié un ordre de route à M.
jeune soldat de la classe de 19   , ou engagé ou rengagé, du département d
en son domicile légal à   parlant à (1)   qui a déclaré (2)
Cet ordre prescrit à M.   affecté au   , de se rendre
à   , le   19   .
Et afin que le susnommé n'en ignore, nous lui avons laissé la présente, dont l'original a été visé par (3)   Dont acte à   , les jour, mois et an que dessus.

PROCÈS-VERBAL DE LA GENDARMERIE (*Original*),

DEVANT ÊTRE DÉTACHÉ POUR ÊTRE JOINT, LE CAS ÉCHÉANT, A LA PLAINTE EN INSOUMISSION.

Cejourd'hui   19   , nous soussigné   gendarme
à la résidence d   , agissant en vertu des ordres de M. le commandant du bureau de recrutement d   , avons notifié à M.
jeune soldat de la classe de 19   , ou engagé ou rengagé du département d
, un ordre de route en son domicile légal a   parlant à (1)
qui a déclaré (2)
Cet ordre prescrit à M.   , affecté au
de se rendre à   , le   19
Et afin que le susnommé n'en ignore, nous avons laissé ledit ordre de route et copie de la présente notification entre les mains de la personne ci-dessus désignée, dont nous avons requis le visa.
Dont acte à   , les jours, mois et an que dessus.

Visa de la personne qui a reçu l'ordre de route et copie de la notification (4).

DOMICILES, RÉSIDENCES et ADRESSES SUCCESSIFS.	DOMICILES, RÉSIDENCES et ADRESSES SUCCESSIFS.	DOMICILES, RÉSIDENCES et ADRESSES SUCCESSIFS.

ORDRE DE ROUTE

MINISTÈRE DE LA GUERRE.

ORDRE DE ROUTE

SPÉCIAL AUX HOMMES DE LA DISPONIBILITÉ ET DES RÉSERVES.

Modèle n° 5 b
de l'Instruction
20 mars 1906

Texte nouveau, rect
tif du 27 mai 1
B. O., p. 1031.

LE MINISTRE DE LA GUERRE ORDONNE À M.
fils d   et d
né le   19   , à   canton d
département d   ayant son domicile ou sa résidence déclarée à
canton d   département d   (A)   de la classe de 19
affecté au   , de se rendre à   , où il se prése
le (B)   19   , à   heure   du   pour son ordre de
être continué jusqu'à destination.

M.   est prévenu que s'il n'est pas arrivé au
fixé par cet ordre, il sera immédiatement recherché, et, s'il y a lieu, conduit sous escorte à destination.

Il sera, en outre, poursuivi comme prévenu d'insoumission, conformément aux prescriptions des articles 90 et 92 de la loi du 1ᵉʳ avril 1923.

Fait et signé à   , le (B)   19

Le Commandant du bureau de recrutement,

ARTICLES 90 ET 92 DE LA LOI DU 1ᵉʳ AVRIL 1923.

ART. 90. — Tout jeune soldat appelé ou tout autre militaire dans ses foyers, rappelé à l'activité, à qui un o
de route a été régulièrement notifié et qui, hors le cas de force majeure, n'est pas arrivé à sa destination au
fixé par cet ordre est, après un délai de trente jours en temps de paix, considéré comme insoumis et puni des pe
portées par l'article 230 du Code de justice militaire.

Sont également considérés comme insoumis tout engagé volontaire et tout militaire qui, après renvoi dans
foyers, a contracté un engagement si, hors le cas de force majeure, ils ne sont pas arrivés à leur destination,
temps de paix, dans les trente jours qui suivent le jour fixé par leur feuille de route.

La notification de l'ordre de route est faite par un agent de la force publique au domicile de l'appelé; en cas d
sence de celui-ci, elle est faite au maire de la commune dans laquelle l'appelé a été porté sur la liste de recensem
Dans tous les cas, il est dressé par l'agent procès-verbal de la notification.

Le délai d'insoumission est porté en temps de paix : à deux mois pour les hommes affectés à des corps de l'I
rieur, qui demeurent en Algérie, en Tunisie, au Maroc, ou hors de France en Europe, et pour les hommes affe
à des corps de l'Afrique du Nord, qui demeurent en Europe; à six mois pour les hommes demeurant dans tout a
pays.

Si l'insoumis appartient à un corps mobilisé ou faisant partie de troupes en opérations, ou si son corps est
tionné sur un territoire compris dans la zone des armées, les délais fixés par les paragraphes 1 et 2 sont rédui
deux jours et ceux fixés par le paragraphe 5 sont réduits de moitié. Dans ce cas, les noms des insoumis sont
chés, pendant toute la durée de la mobilisation ou des opérations, dans toutes les communes du canton de leur d
cile; les insoumis qui sont condamnés sont, à l'expiration de leur peine, envoyés dans une section spéciale.

Dans aucun cas, le temps pendant lequel les hommes visés aux paragraphes qui précèdent n'ont pas été présents sous les drapeaux ne compte dans les années de service exigées.

La prescription contre l'action publique résultant de l'insoumission ne commence à courir que du jour où l'insoumis a atteint l'âge de 50 ans.

ART. 92. — En temps de paix, les militaires en congé dans leurs foyers, en attendant leur passage dans la disponibilité, les hommes de la disponibilité et des réserves qui, étant rappelés à l'activité en vertu de la loi, par voie d'affiches ou par ordres d'appel individuels, ne se sont pas, hors le cas de force majeure, rendus le jour fixé au lieu indiqué par les affiches ou ordres d'appel, ou qui, étant convoqués d'urgence et sans délai, ont excédé le temps strictement nécessaire pour se rendre à leur destination, peuvent être contraints par l'autorité militaire à rejoindre leur poste. Ils sont passibles d'une punition disciplinaire.

Si, sur notification faite en la forme indiquée à l'article 90, à la résidence déclarée, et en cas d'absence, au maire du domicile, d'un ordre de route individuel leur réitérant l'ordre de rejoindre, les hommes désignés au paragraphe précédent ne se présentent pas à leur destination dans les quinze jours suivant le jour fixé par cet ordre, ils sont considérés comme insoumis et passibles des pénalités de l'insoumission.

Lorsqu'ils appartiennent à un corps mobilisé ou faisant partie de troupes en opérations, ou lorsque leur corps est stationné sur un territoire compris dans la zone des armées, les militaires, rappelés autrement que par voie de mobilisation au moyen d'affiches ou de publications sur la voie publique, sont déclarés insoumis si, sur notification directe d'un ordre de route, ils ne se rendent pas à leur destination dans les deux jours suivant le jour fixé par cet ordre.

En cas de mobilisation, les militaires rappelés sont déclarés insoumis si, hors le cas de force majeure, ils ne se sont pas conformés aux mesures prescrites par l'ordre de route contenu dans leur livret pour assurer leur arrivée à destination.

Par exception aux dispositions qui précèdent, les hommes se trouvant dans le cas prévu à l'article 55 de la présente loi ne seront, en cas de mobilisation ou de rappel de leur classe par décret, déclarés insoumis que s'ils ont excédé de quinze jours en temps de paix, ou de deux jours dans les cas prévus aux paragraphes 3 et 4 ci-dessus, les délais strictement nécessaires pour se rendre, par les voies les plus rapides, directement de leur résidence à la destination qui leur est assignée.

Les dispositions des paragraphes 3, 4 et 5 de l'article 90 sont applicables aux hommes visés par le présent article.

Tout homme qui n'a pas rejoint au jour indiqué par l'ordre d'appel qui lui a été adressé pour des manœuvres ou exercices peut être astreint, par l'autorité militaire, à faire ou à compléter dans un corps de troupe le temps de service pour lequel il était appelé.

Sont passibles de peines disciplinaires les hommes de la disponibilité et des réserves ayant contrevenu aux obligations qui leur sont imposées par les articles 29, 55 et 56 de la présente loi.

Les punitions disciplinaires infligées aux hommes des réserves dans leurs foyers ne peuvent pas excéder huit jours de prison. Ce maximum est réduit à quatre jours pour les hommes appartenant à la deuxième réserve.

L'autorité militaire assure l'exécution de ces punitions dans les locaux disciplinaires des corps les plus rapprochés.

ARTICLE 91 DE LA MÊME LOI.

ART. 91. — Quiconque est reconnu coupable d'avoir sciemment recélé ou pris à son service un homme recher-

ché pour insoumission ou d'avoir favorisé son évasion est puni d'un emprisonnement qui ne peut excéder six
ou d'une amende qui ne peut excéder cinq cents francs.

La même peine est prononcée contre ceux qui, par des manœuvres coupables, ont empêché ou retardé le dépa
jeunes soldats.

Si le délit a été commis à l'aide d'un attroupement, la peine est double.

Si le délinquant est fonctionnaire public, employé ou agent de l'Etat, des départements et des communes ou
tre d'un culte subventionné, la peine peut être portée jusqu'à deux années d'emprisonnement, et il est, en outre
damné à une amende qui ne peut excéder deux mille francs.

Sont exceptées des dispositions pénales prévues par le présent article les personnes désignées dans le d
paragraphe de l'article 248 du Code pénal.

(3 Faire connaître les circonstances par suite desquelles l'homme n'a pas répondu à l'ordre d'appel. S'il est absent, le maire indiquera d'une manière aussi précise que possible le lieu de sa résidence actuelle.

(4) Si cette personne est le maire de la commune, le cachet de la mairie devra, de plus, être apposé.

PROCÈS-VERBAL DE LA GENDARMERIE (*Copie*).

Cejourd'hui   19   nous, soussigné   gendarme à la résidence d
agissant en vertu des ordres de M. le Commandant du bureau de recrutement d   avons notifié un ordre de route à M.
de la classe de 19   relevant du bureau de recrutement d   , demeurant à
(1)   parlant à (2)   qui a déclaré (3)
Cet ordre prescrit à M.   affecté au   de se
à   le   19 .
Et afin que le susnommé n'en ignore, nous lui avons laissé la présente, dont l'original a été visé par (4)
Dont acte a   les jour, mois et an que dessus.

PROCÈS-VERBAL DE LA GENDARMERIE (*Original*).
(Devant être détaché pour être joint, le cas échéant, à la plainte en insoumission.)

Cejourd'hui   19 , nous soussigné   gendarme à la ré
d
avons notifié un ordre de route à M.   agissant en vertu des ordres de M. le Commandant du bureau de recrutement d
d   de la classe de 19 , relevant du bureau de recr
qui a déclaré (3)   demeurant à   (4)   , parlant à (2)
Cet ordre prescrit à M.   , affecté au   de se rendre à
le   19 .
Et afin que le susnommé n'en ignore, nous avons laissé ledit ordre de route et copie de la présente notification entre les mains de la personne ci-dessus désignée, dont nous

DOMICILES, RÉSIDENCES et ADRESSES SUCCESSIFS.	DOMICILES, RÉSIDENCES et ADRESSES SUCCESSIFS.	DOMICILES, RÉSIDENCES et ADRESSES SUCCESSIFS.

MODÈLE N° 5 *ter* (*a*).

—

Article 12
de l'Instruction du
20 mars 1906.

PROCÈS-VERBAL DE REMISE DE L'ORDRE DE ROUTE. (Original.)

BUREAU DE RECRUTEMENT d

(Devant être détaché lors de la remise de l'ordre de route et être renvoyé au commandant du bureau de recrutement d'où émane l'ordre, pour être joint, le cas échéant, à la plainte en insoumission.)

Cejourd'hui   19   , nous soussigné   consul de France à (1)
agissant en vertu des ordres de M. le Ministre des affaires étrangères, avons notifié un ordre de route à M.
de la classe 19   , relevant du bureau de recrutement d.   demeurant à   (2)
parlant à   , qui a déclaré (3)
Cet ordre prescrit à M.   , affecté au   de se rendre à
le   19   .

Et afin que le susnommé n'en ignore, nous avons laissé ledit ordre de route et copie de la présente notification entre les mains de la personne ci-dessus désignée, dont nous avons requis le visa.

Dont acte à   , les jour, mois et an que dessus.

Visa de la personne qui a reçu l'ordre de route

(*a*) Texte nouveau. Rectificatif du 27 mai 1927, *B. O.*, p. 1031.

MODÈLE N° 6 (1).

Article 20 de l'instruction
du 20 mars 1906.

Format : 31 × 21

DÉPARTEMENT
d

CANTON

COMMUNE

BULLETIN de recherches concer-nant .... {un jeune soldat de la classe d / un engagé volontaire / un rengagé / un réformé temporaire rappelé à l'activité} } *dénoncé et*

signalé comme insoumis, aux termes de l'article 90 de la loi du 1er avril 1923.

CLASSE à LAQUELLE l'insoumis appartient.	NUMÉRO OBTENU au tirage.	DATE de L'ENGAGE-MENT volontaire ou du ren-gagement.	NOM, PRÉNOMS et surnoms de l'insoumis.	SIGNALEMENT.	PROFESSION.	TAILLE.	LIEU de SON DOMICILE actuel.	OBSERVATIONS qui SERAIENT DE NATURE à faciliter les recherches.
				Cheveux : yeux : front : nez : visage : Renseignements physiouo-miques complémentai"". Taille 1 mètre cent, Taille rectifiée 1 m. cent, Marques particulières :				Voir, au dos, change-ments de domicile et de résidence successifs.

(1) Modifié 1er mars 1926, B. O. p. 709,

A   le   19

Le Commandant du bureau de recrutement d

DOMICILES, RÉSIDENCES et ADRESSES SUCCESSIFS.	DOMICILES, RÉSIDENCES et ADRESSES SUCCESSIFS.	DOMICILES, RÉSIDENCES et ADRESSES SUCCESSIFS.

e CORPS D'ARMÉE.

—

DÉPARTEMENT
d

—

e SUBDIVISION.

—

BUREAU DE RECRUTEMENT
d

—

Classe de recrutement :
N° matricule :

SIGNALEMENT.

Né le
à
canton d
département d
résidant à
canton d
département d
Fils d
et d
domiciliés à
canton d
département d
Cheveux :
yeux :
front :
nez :
visage :
Renseignements physio-
nomiques complémen-
taires:

Taille 1 mètre   cent.
Taille rectifiée 1 mètre
    centimètres ;
Marques particulières :

Profession :

(1) Date en toutes lettres.
(2) Jeune soldat, réser-
viste, etc.
(3) Nom et prénoms.
(4) Lui avons fait délivrer
une feuille de route pour se
rendre librement à
chef-lieu du   e corps
d'armée ;
    ou bien :
l'avons fait diriger par la
gendarmerie sur
chef-lieu du   e corps
d'armée.

(a) Modifié, 1er mars 1927,
B. O., p. 709.

MODÈLE N° 7 (a),

Art. 23 de l'instr. du
20 mars 1906.

Format couronne : 36 × 23.

PROCÈS-VERBAL

DE

PRÉSENTATION VOLONTAIRE

Cejourd'hui (1)
par-devant nous, soussigné   , commandant le bureau de recrutement de la subdivision
d   , s'est présenté volontairement
le (2)   (3)

lequel nous a déclaré être repentant d'être resté
jusqu'à ce jour en état d'insoumission, et s'est
mis à notre disposition pour qu'il soit fait à son
égard ce qui serait jugé convenable.
    Sur ce, et conformément aux prescriptions
de l'article 21 de l'instruction ministérielle du
20 mars 1906, nous (4)

pour de là être traduit devant le **conseil de
guerre** permanent du   e corps d'armée.
    De tout quoi nous avons dressé le présent pro-
cès-verbal.

A   , le   19   .

Le Commandant de recrutement,

BUREAU DE RECRUTEMENT DE

———

ÉTAT NUMÉRIQUE { Annuel (1).
{ Trimestriel.

MODÈLE N° 9.

Article 31 de l'instruction du 20 mars 1906, modifié le 18 mars 1916

FORMAT :
Hauteur.... 0,31.
Largeur.... 0,21.

1° *Des insoumis restant à rechercher au 31*   19 (2);

2° *Des hommes déclarés insoumis pendant* { *l'année* 19 (1).
{ *le trim^{tre} de l'année* 19 .

TITRE AUQUEL LES HOMMES sont liés au service	NOMBRE D'INSOUMIS.	RAYÉS DE L'INSOUMISSION (3).								TRADUITS DEVANT UN CONSEIL DE GUERRE ET CONDAMNÉS PAR DÉFAUT.	INSOUMIS RESTANT À RECHERCHER.
		AMNISTIÉS.	DÉCÉDÉS.	DISPENSÉS D'ÊTRE JUGÉS (art. 30, §§ 2 et 3, non-lieu, refus d'informer, etc...).	Traduits devant les conseils de guerre.			AYANT PRESCRIT LEUR DÉLIT.	TOTAL DES RADIATIONS.		
					CONDAMNÉS DÉFINITIVEMENT.	ACQUITTÉS.	AU SUJET DESQUELS IL N'A PAS ÉTÉ ENCORE STATUÉ.					
1.° Nombre d'insoumis restant à rechercher au 3 19 (2). — Engagés volontaires........											
Rengagés........											
Jeunes soldats.											
Disponibles....											
1re réserve......											
2e réserve......											
Réformés et exemptés.....											
TOTAL.........											
2.° Nombre d'hommes déclarés insoumis pendant le trimestre de l'année 19 — Engagés volontaires........											
Rengagés......											
Jeunes soldats..											
Disponibles....											
1re réserve......											
2e réserve.......											
Réformés et exemptés											
TOTAL.........											
TOTAL GÉNÉRAL...											

(1) Biffer la mention qui ne convient pas.

(2) Dernier jour de la période (année ou trimestre) précédant celle qui vient d'expirer.

(3) Modifié le 1er mars 1926, *B. O.*, p. 709.

CERTIFIÉ PAR MOI COMMANDANT DU BUREAU DE RECRUTEMENT.

A   , *le*   19

TABLE DES MATIÈRES

(1) Disponibilité, 1re réserve, 2e réserve (loi du 1er avril 1923).

CHAPITRE III.

CHAPITRE IV.

DISPOSITIONS COMMUNES A TOUTES LES CATÉGORIES DE L'ARMÉE ACTIVE DE LA DISPONIBILITÉ ET DES RÉSERVES.

MODÈLES.

II. — DÉSERTION.

Instruction relative à la désertion.

Paris, le 21 mars 1906.

TITRE Ier.

DISPOSITIONS GÉNÉRALES.

Définition du délit de désertion.

Article 1er. Le délit de désertion est celui que commet le militaire qui abandonne illégalement son corps, le détachement dont il fait partie ou l'établissement auquel il est attaché pendant un temps dont la durée dépasse les délais de grâce fixés par les articles 231, 233, 234, 235 du Code de justice militaire (1) (vol. 56).

Dispositions législatives.

Art. 2. Les dispositions légales concernant le délit de désertion pour les hommes de troupe, et celui d'absence illégale (pour l'officier), dans toutes les circonstances dans lesquelles ils peuvent être commis ou favorisés, font l'objet des articles 231 à 243 inclus du Code de justice militaire.

Prescription du délit de désertion.

Art. 3. La prescription ne commence à courir que du jour où le déserteur a atteint l'âge de 47 ans, ainsi qu'en dispose l'article 184 du Code de justice militaire. Or, la prescription contre l'action publique étant de trois ans (art. 638 du Code d'instruction criminelle), ce n'est qu'à l'âge de 50 ans accomplis que, la prescription étant définitivement acquise, les dé-

---

(1) Les jeunes soldats et les engagés volontaires qui, après avoir été réunis en détachement ou mis en subsistance dans un corps de troupe, ne rejoignent pas la destination fixée sur leur ordre de route ou par leur feuille de déplacement, doivent être considérés comme insoumis et non comme déserteurs. (Texte modifié par modificatif du 25 janvier 1926, *B. O.*, p. 271.)

serteurs recherchés infructueusement doivent être rayés des contrôles de la désertion.

En temps de guerre la désertion est, *dans certains cas*, un crime ; alors la prescription de l'action publique est de dix ans et la radiation ne peut avoir lieu qu'à 57 ans.

Déduction sur les services.

Art. 4. Le déserteur, à quelque époque qu'il soit arrêté ou se représente, est, si la désertion n'est pas couverte par la prescription, mis à la disposition du Ministre de la guerre pour compléter, s'il y a lieu, le temps de service qu'il doit encore à l'Etat, ainsi que le prescrit l'article 184 du Code de justice militaire. Le temps passé en désertion depuis le jour du manquement constaté jusqu'à celui de l'arrestation ou de la présentation volontaire du déserteur ne peut, en effet, compter pour le service exigé. D'autre part, l'article 34 de la loi du 21 mars 1905 (1), sur le recrutement de l'armée, prescrit de défalquer également le temps pendant lequel un militaire a subi la peine de l'emprisonnement en vertu d'un jugement, si cette peine a pour effet de l'empêcher d'accomplir, au moment fixé, tout ou partie des obligations qui lui sont imposées par la loi ou par les engagements qu'il a souscrits. Aux termes dudit article, les hommes qui se trouvent dans cette situation sont tenus de remplir leurs obligations d'activité, soit à l'expiration de leur peine, s'ils appartiennent à l'armée active, soit au moment de l'appel qui suit leur élargissement, s'ils font partie de la réserve de l'armée active ou de l'armée territoriale.

Ces dispositions sont également applicables aux déserteurs qui n'ont pas été traduits en jugement ou qui ont été acquittés.

Par suite, tous les déserteurs qui sont arrêtés ou se présentent volontairement doivent, jusqu'à l'âge de 50 ans, compléter leurs obligations militaires même s'ils ont été l'objet d'un refus d'informer, d'une ordonnance de non-lieu ou d'un acquittement, à moins que ce refus d'informer, cette ordonnance de non-lieu ou cet acquittement ne soient basés sur ce que l'intéressé ne doit aucun service militaire, soit parce qu'il est étranger, soit pour tout autre motif (2).

Les militaires évadés d'un établissement pénitentiaire, qui sont condamnés pour désertion, doivent subir la peine prononcée

---

(1) Remplacé par l'article 41 de la loi du 1er avril 1923.

(2) Nouvelle rédaction de cet alinéa. (Circulaire du 17 novembre 1909, B. O., p. 1863.)

en réparation de ce délit, indépendamment de celle qui était en cours lors de leur évasion et qui, interrompue par leur faute, ne recommence à courir que du jour où ils sont replacés sous la main de l'autorité. De plus, ils restent débiteurs, envers l'Etat, du temps de service qu'ils devaient encore au moment où ils ont été condamnés. Si ces militaires détenus ne sont pas mis en jugement en raison de leur désertion, ou s'ils sont acquittés, ils sont tenus, néanmoins, de terminer la peine pour laquelle ils étaient détenus, sans préjudice du temps de service qui leur restait à accomplir lorsqu'ils ont été incarcérés.

Cependant, dans ces deux cas, ils peuvent être légalement exonérés de l'achèvement de cette première peine, si celle-ci est prescrite en vertu de l'article 636 du Code d'instruction criminelle, en tenant compte, toutefois, de ce principe, que la prescription de la peine d'un condamné évadé ne court que du jour de son évasion.

TITRE II.

FORMALITÉS A REMPLIR.

Absence illégale.

Art. 5. Aussitôt qu'un chef de corps ou commandant d'établissement ou un commandant de détachement constate qu'un militaire sous ses ordres est absent illégalement, il prend toutes les mesures utiles pour assurer son arrestation ; au besoin, il se concerte, à cet effet, avec les autorités civiles et militaires du lieu de la garnison.

Délais de repentir.

Art. 6. Si les recherches effectuées sont restées sans résultat, il doit considérer le militaire comme étant en état de désertion, à l'expiration des délais de repentir accordés par la loi; ces délais varient suivant la position militaire du délinquant au moment de l'absence et aussi selon la nature de la désertion, d'après les distinctions établies ci-après.

C'est seulement à partir de l'expiration du jour où l'absence a été constatée, que commence à courir le délai de grâce, et les jours se décomptent de minuit à minuit. Ainsi, par exemple, le départ étant constaté dans la journée du 10, la désertion ne sera consommée, si la loi accorde six jours, que le 16 après minuit :

. exactement, au moment précis où commence la première heure du 17.

En employant les expressions « si le soldat n'a pas trois mois de service » dans l'article 231 du Code de justice militaire, le législateur n'a fait aucune distinction, pour le décompte des services, entre les différentes positions individuelles de présence ou d'absence que le militaire peut avoir pendant qu'il est en activité et inscrit sur les contrôles du corps. Le temps passé à l'hôpital, ou en congé de convalescence, doit être compris dans la durée du service militaire imposée par la loi de recrutement à l'homme de l'armée active servant comme jeune soldat ou comme engagé volontaire.

Ce temps n'étant pas déduit de la durée légale des services doit être compté dans les trois mois fixés par ledit article 231, et sans lesquels le soldat ne peut être considéré comme étant en état de désertion qu'après un mois d'absence. C'est au jour où se constate officiellement l'absence du militaire en activité, qui a abandonné son corps sans autorisation ou n'y est pas rentré à l'expiration d'un congé ou d'une permission, que le temps de service est décompté. Ce mode de procéder a pour but d'établir si, à ce moment, où commence seulement l'illégalité de son absence, le militaire a moins ou plus de trois mois de service et, par suite, de déterminer les délais de grâce que la loi lui accorde.

Les services antérieurs accomplis, à quelque titre que ce soit, avant l'incorporation au cours de laquelle s'est produite l'absence, doivent, de même, être compris dans le décompte des trois mois de service.

Toute permission délivrée par l'autorité militaire compétente pour s'absenter de la garnison constitue une véritable permission dans le sens légal. C'est aux militaires pourvus d'un titre de cette nature que la loi accorde des délais plus longs. Ainsi, le militaire qui s'absente avec une permission écrite de son chef, même pour une durée de vingt-quatre heures, est un permissionnaire dans le sens juridique du mot, et les dispositions bienveillantes de l'article 231, déjà cité, lui sont applicables.

Aux termes dudit article le soldat *ayant moins de trois mois de service* ne peut être considéré comme déserteur à l'intérieur, en temps de paix, qu'*après un mois d'absence*, même s'il n'a pas rejoint dans les délais fixés par le second paragraphe de cet article.

Mais cette disposition spéciale de l'article 231 est inapplicable au militaire prévenu de désertion à l'étranger. D'après l'article 235, la principale condition constitutive de ce dernier délit est que le coupable ait franchi sans autorisation les limites du territoire français, et il fixe un délai unique de trois jours après celui de l'absence, sans calculer ce délai de grâce d'après le plus ou moins d'ancienneté du militaire.

En temps de guerre les délais de repentir sont réduits des deux tiers dans tous les cas. Il faut entendre par l'expression « en temps de guerre », partout où elle est employée dans le Code de justice militaire, le temps où la France est en guerre avec une puissance étrangère, que le théâtre de la lutte soit hors du territoire français ou sur ce territoire. Mais pour qu'il y ait lieu à l'application des dispositions concernant le temps de guerre, soit en ce qui a trait aux délais, soit pour le prononcé de la peine, il faut nécessairement que la désertion ait été commise pendant ce temps, c'est-à-dire que la guerre soit déclarée au jour où le délit est constaté; car, si la guerre n'était déclarée que postérieurement à l'expiration des délais de grâce, cette circonstance ne devrait point réagir sur le fait délictueux.

De même, le temps de guerre ne peut légalement agir sur la durée des délais, ni sur l'application de la peine, lorsque la désertion est commise pendant la guerre civile; car si des troubles politiques motivent la mise en état de guerre ou de siège de tout ou partie du territoire, il ne s'ensuit pas légalement que la France soit en état de guerre.

Déclaration de désertion.

Art. 7. Aux termes de l'article 55 du Code de justice militaire, tout individu appartenant à l'armée en vertu, soit de la loi de recrutement, soit d'un brevet ou d'une commission, est justiciable des conseils de guerre. Donc l'individu faisant partie d'un corps ou établissement, en vertu d'une simple commission, ou d'un brevet, doit être considéré comme militaire lié au service et passible, en cette qualité, des peines afférentes à la désertion, s'il abandonne son corps sans autorisation et n'y rentre pas dans les délais déterminés.

Il en est de même de l'homme retenu au corps en vertu de l'article 39 de la loi du 21 mars 1905 (1) et du détenu militaire qui s'évade d'un établissement pénitentiaire ou d'un hôpital et reste absent illégalement pendant plus de six jours, en temps de paix, ou trois jours s'il franchit la frontière pour se rendre à l'étranger.

____

(1) Remplacé par l'article 46 de la loi du 1ᵉʳ avril 1923.

En effet, en ce qui concerne le premier, la durée du service supplémentaire auquel un militaire peut être astreint par application des dispositions de l'article 39 (1) de la loi de recrutement constitue un temps de service légal au même titre que les trois années de service actif prévues par l'article 32 (1) de ladite loi, attendu qu'il n'en diffère qu'en ce qu'il ne peut donner lieu à une nouvelle application de l'article 39 (1). Dès lors, tout militaire maintenu au corps après le départ de sa classe, en vertu de cet article, se trouve, pendant toute la durée du service supplémentaire qu'il est tenu d'accomplir, soumis aux lois et règlements militaires; il est, par suite, justiciable des tribunaux militaires, et le Code de justice militaire lui est applicable dans son intégralité, tant qu'il est sous les drapeaux.

Quant au militaire détenu ou en traitement dans un établissement hospitalier, il reste inscrit sur les contrôles de l'armée, et sa qualité lui demeure pleine et entière.

Lorsqu'un disponible (réserviste ou territorial) (2) est retenu, après la période de service pour l'accomplissement de laquelle il a été convoqué, il ne doit pas être considéré comme déserteur s'il s'évade d'une prison où il subit une peine disciplinaire encourue pendant son service. Mais il suffit, pour que la désertion soit consommée, qu'un disponible (réserviste ou territorial) (2), abandonne, avant d'avoir complètement terminé sa période d'exercices, le corps où il était régulièrement placé et ne se représente pas avant l'expiration du délai de grâce, sans qu'il soit besoin de rechercher pendant combien de temps il devait rester encore au service au moment où l'absence a été constatée, et alors même que sa libération devait se produire avant l'expiration du délai.

Tout militaire dont l'absence illégale se prolonge au delà des délais de grâce ou de repentir accordés par les articles 231, 233, 234 et 235 du Code de justice militaire est déclaré déserteur.

Après s'être assuré que le militaire se trouve réellement en état de désertion, le chef de corps ou le commandant de détachement ou d'établissement réunit les documents qui doivent accompagner la plainte conforme au modèle n° 4 annexé à la présente instruction, suivant les prescriptions de l'article 95 du Code de justice militaire. Toutes ces pièces, ainsi que les renseignements qui parviendraient ultérieurement, soit sur le lieu de refuge du déserteur, soit sur les circonstances qui ont accompa-

---

(1) Articles remplacés par les articles 46 et 2 de la loi du 1er avril 1923.
(2) Ou homme des réserves (loi du 1er avril 1923).

gné la désertion, sont, en attendant le retour du fugitif, consignés à son dossier.

Les militaires déclarés en état de désertion continuent à figurer sur les registres matricules (2) du corps — registres d'écrou dans les établissements pénitentiaires — dont ils faisaient partie.

Si les matricules (2) doivent être renouvelées, ces hommes sont inscrits sur les nouveaux contrôles et, en cas de licenciement du corps, ils sont affectés à un autre corps, dans les mêmes conditions que les hommes présents.

La radiation des hommes en fuite, après six mois d'absence, ne s'applique point à la tenue des registres matricules (2), mais uniquement à celle des contrôles de comptabilité. Le militaire déserteur doit donc continuer à figurer sur les matricules (2), à l'effet d'être recherché jusqu'au jour où il est arrêté ou se représente : ou bien que la prescription est acquise, ainsi qu'il est dit plus haut à l'article 3. Il ne doit être rayé que dans un des cas énumérés à l'article 24 de la présente instruction.

Envoi du signalement des déserteurs.

Art. 8. Lorsque, les délais dits de grâce étant expirés, l'homme est déclaré en état de désertion, le chef de corps ou le commandant de détachement ou d'établissement adresse, à bref délai, le signalement de désertion, modèle ci-joint n° 1 :

1°. . . . . (1);

2° Aux préfets des départements ci-après : celui du contingent auquel l'homme appartient, ou dans lequel l'engagé volontaire ou rengagé dans ses foyers a contracté son engagement ou son rengagement;

Celui dans lequel l'homme ou l'engagé volontaire ou le rengagé avait son dernier domicile ou sa résidence;

Celui où il est né;

Et celui où ses père et mère sont domiciliés;

3° Aux commandants des compagnies de gendarmerie de chacun de ces départements ;

4° Au commandant du bureau de recrutement dont relève le déserteur;

5° Au procureur de la République de l'arrondissement du lieu de naissance du déserteur;

6° Au préfet de police :

---

(1) Supprimé (modifications du 18 mars 1916, *B. O.*, p. 231).
(2) Les registres matricules des corps n'existent plus. Ont été remplacés par le fichier.

7° Enfin, au Ministre de l'intérieur (1).

Il est bien entendu qu'indépendamment de ces divers envois un signalement semblable est transmis à toute autorité qui serait présumée être à même de connaitre la retraite du déserteur ou de faire opérer son arrestation.

Renseignements à consigner sur les signalements (2).

Art. 9. Le signalement contient succinctement tous les renseignements connus sur la position de l'homme au moment de sa désertion; il mentionne la circonstance aggravante du temps de guerre, le cas échéant, et fournit les indications permettant de supposer ou d'affirmer qu'il est passé à l'étranger. Les circonstances aggravantes qui peuvent accompagner le délit y sont soigneusement relevées.

Hommes en traitement dans un hôpital.

Art. 10. Lorsqu'un militaire s'évade d'un hôpital éloigné du lieu où son corps tient garnison, le médecin-chef, auquel appartient le commandement de l'établissement, provoque les recherches préliminaires. Il donne immédiatement avis de l'évasion au chef du corps chargé de signaler à qui de droit le déserteur et, à son retour, de porter la plainte en désertion prescrite par l'article 95 du Code de justice militaire.

Hommes en congé.

Art. 11. En ce qui concerne les militaires qui ne sont pas rentrés à l'expiration d'un congé ou d'une permission, le chef de corps doit, avant de lancer le signalement n° 1, s'informer des causes du retard auprès du commandant de la gendarmerie du lieu où le militaire était autorisé à passer sa permission ou son congé.

A la réception de cette demande, le commandant de la gendarmerie prend les renseignements nécessaires pour s'assurer si l'homme n'a pas obtenu une prolongation de congé, s'il n'a pas été admis dans un hôpital pour maladie, ou si, enfin, son retard n'est pas causé par une circonstance de force majeure.

---

(1) Alinéa modifié par la circulaire du 18 février 1908. Voir page 95.
(2) Le dernier alinéa a été supprimé (modifications du 18 mars 1916).

Le commandant de la gendarmerie fait parvenir d'urgence sa réponse au chef de corps qui, après l'expiration du délai de repentir, doit expédier le signalement de l'absent.

Hommes venant d'un corps de troupe ou d'un établissement pénitentiaire.

ART. 12. Le même mode de procéder est suivi à l'égard des militaires qui, passant d'un corps de l'armée dans un autre, ou sortant d'un établissement pénitentiaire, ne se présentent pas dans les délais voulus à leur nouvelle destination.

Dans ce cas, le chef du nouveau corps doit, aussitôt après avoir reçu les états signalétiques, et en tenant compte des délais de route accordés pour rejoindre, s'enquérir des motifs du retard auprès des autorités qui ont dirigé l'homme, ou auprès de toute autorité qui serait à même de connaître sa position. Lorsqu'il est reconnu que le militaire est réellement en état d'absence illégale, le chef du nouveau corps prend toutes les mesures de nature à amener son arrestation. A l'expiration du délai de grâce, il lance le signalement n° 1.

Les recherches peuvent être indifféremment provoquées soit par l'envoi d'un bulletin signalétique, soit par l'envoi d'un signalement de désertion. Le fonctionnaire ou l'agent de l'autorité qui a reçu l'une ou l'autre de ces pièces recueille rapidement les informations qu'il est à même de se procurer et les consigne explicitement sur le document, dont il fait le renvoi à l'officier qui le lui a adressé.

Cette précaution permet d'éviter de déclarer déserteurs des hommes dont la position, bien qu'ignorée du corps destinataire, serait néanmoins régulière; aussi est-il expressément recommandé aux chefs de corps de se conformer rigoureusement à ces dispositions.

. . . . (1).

C'est toujours au nouveau corps qu'incombe le soin de faire effectuer toutes les recherches prescrites, de poursuivre l'arrestation et, finalement, de porter la plainte, alors même que l'homme

---

(1) Alinéa supprimé (modifications du 18 mars 1916).

signalé n'a pas été immatriculé, car celui-ci a cessé d'appartenir
au corps d'origine dès l'instant de sa mise en route.

Militaire qui disparaît après avoir commis un crime ou un délit.

Art. 13. Lorsqu'un homme disparaît après avoir commis
un crime ou un délit à raison duquel il n'a pu être mis sous
main de justice, on doit le traduire en jugement par contumace ou par défaut, selon le cas, à raison de ce crime ou de
ce délit. Il est, en outre, signalé comme déserteur et le signalement de désertion mentionne les poursuites dont il est
l'objet.

Continuation des recherches (1).

Art. 14. Après que toutes les mesures sus-indiquées ont été
prises, le chef de corps ou le commandant d'établissement ou de
détachement veille, autant qu'il est en son pouvoir, à ce que le
déserteur soit constamment recherché avec soin, et il conserve
les renseignements qui lui parviennent, pour les joindre à la
plainte en désertion qu'il a à porter lors de la rentrée du fugitif.

Afin d'aider la gendarmerie dans ses opérations, les renseignements qui ont pu lui parvenir sont communiqués par le chef
de corps aux commandants de compagnies de gendarmerie à qui
le signalement n° 1 a été envoyé au moment de la désertion. Ces
officiers prescrivent dans leurs départements ou provoquent dans
d'autres départements, s'il y a lieu, toutes investigations utiles
dont ils surveillent ou suivent l'exécution. Les recherches sont
coordonnées et continuées jusqu'à l'arrestation en vertu du signalement n° 1 ou la réception de l'avis de radiation.

A quelque époque que l'arrestation ait lieu, le déserteur est,
en principe, ramené à son corps, en vue de l'effet moral à produire sur les hommes et afin que, l'instruction préparatoire achevée, il puisse être déféré au conseil de guerre de la circonscription
territoriale dans laquelle ce corps tient garnison.

Gratifications pour arrestation (2).

Art. 15. Une gratification de 25 francs est allouée à quiconque
arrête un déserteur. Mais cette gratification n'est acquise qu'autant que l'individu arrêté se trouve réellement en état de désertion par suite de l'expiration des délais de grâce assignés par la
loi. Elle n'est pas due lorsque le délinquant se constitue volon-

---

(1) Texte nouveau. (Circulaire du 27 juillet 1922, *B. O.*, p. 2524.)
(2) Texte nouveau. (Modifications du 31 juillet 1913, *B. O.*, p. 932.)

tairement prisonnier ou est arrêté pour une cause autre que la désertion.

Le paiement de cette gratification est effectué d'après les règles tracées dans l'instruction relative à l'exécution du décret fixant les dépenses des tribunaux militaires.

Il est recommandé aux maires de faire connaître ces prescriptions aux gardes champêtres ou forestiers, aux agents de police ou aux habitants.

Rentrée du déserteur.

Art. 16. Lorsqu'un militaire déserteur est replacé sous la main de l'autorité il doit, ainsi qu'il est dit au n° 14, être, en principe, ramené à son corps avec les pièces constatant sa position exacte, sa présentation volontaire ou son arrestation. Un procès-verbal de la gendarmerie est dressé à cet effet.

Si le corps auquel le déserteur affirme appartenir est éloigné du lieu de l'arrestation et si un signalement n'a pas été officiellement notifié, on ne doit l'y faire conduire qu'après réception d'un avis (demandé et reçu télégraphiquement) du corps intéressé faisant connaître que le militaire dont il s'agit est réellement inscrit sur ses contrôles (1).

Au retour du déserteur, le chef de corps envoie, à toutes les autorités qui ont reçu le signalement de désertion, l'avis de radiation du contrôle des déserteurs conforme au modèle n° 2 annexé à la présente instruction, afin de faire cesser les recherches dont le déserteur était l'objet, et, dès la réception de cette pièce, le signalement n° 1 doit être renvoyé immédiatement à l'autorité de laquelle il émane par les autorités chargées des recherches.

Quand l'homme justifie de son absence par un cas de force majeure, ou par ce fait qu'étant en congé il a obtenu une prolongation, l'avis de radiation en fait mention.

Il en est de même lorsque, avant la rentrée au corps, on apprend que l'absent est retenu dans un hôpital pour cause de maladie. Le chef de corps examine alors avec soin si la date de son admission à l'hôpital se rapporte à celle de l'expiration des délais de grâce auxquels il avait droit, afin de s'assurer qu'il n'y aura point à le mettre en jugement à sa sortie de l'hôpital. S'il doit être traduit en conseil de guerre, il doit être fait mention, sur l'avis de radiation, des mesures à prendre à cet égard, lors de la rentrée du militaire au corps.

____

(1) Texte nouveau. (Modifications du 20 février 1922, *B. O.*, p. 734.)

Pour les militaires atteints par la maladie dans leurs foyers, et qui sont hors d'état d'être transportés dans un hôpital, le chef de corps attend, avant de lancer l'avis de radiation, le retour de ces hommes ou l'avis de leur admission dans un hôpital.

Sur l'avis de radiation concernant les hommes qui, avant d'être jugés sur la prévention de désertion, doivent être traduits devant un tribunal ordinaire, on indique les causes motivant cette instance et le tribunal appelé à en connaître.

Etablissement des signalements et des avis de radiation.

Art. 17. Les signalements de désertion et les avis de radiation du contrôle des déserteurs doivent être strictement conformes aux modèles ci-joints n°s 1 et 2 ; ils sont établis avec soin, datés, signés et adressés, sans lettre d'envoi, par le chef de corps ou le commandant de détachement (1).

La dimension des signalements et des avis de radiation doit être exactement conforme aux indications portées sur les modèles ci-joints. Cette dernière condition est essentielle pour la facilité du classement.

Aussi, tout signalement ou avis de radiation qui n'est point établi selon les règles tracées au présent chapitre doit être renvoyé.

Dans les corps, les signalements n° 1 et les avis de radiation sont établis indistinctement pour tous les déserteurs du corps, par le commandant de la portion de ce corps stationnée en France. A l'égard des déserteurs des portions de corps hors du territoire continental, les recherches sur les lieux mêmes de la désertion sont provoquées par les soins du commandant du détachement que l'homme a abandonné, lequel donne avis au commandant du dépôt lors de l'envoi des états de mutation. C'est à ce dernier qu'il appartient de remplir les prescriptions contenues dans les présentes instructions. La même marche est suivie lors de la rentrée du déserteur, à moins, toutefois, que le délinquant ne fasse sa soumission ou ne soit ramené à son détachement.

Plainte à porter contre le déserteur.

Art. 18. A la rentrée de l'homme, ou lorsque sa présentation volontaire ou son arrestation sont signalées par un gé-

au commandant d'établissement ou de détachement, celui-ci examine si l'absence peut être justifiée ; dans le cas de l'affirmative, il ne doit pas porter plainte, mais seulement punir disciplinairement le retardataire. Il agit de même si le délai de repentir n'est point expiré au moment de la rentrée.

Si, lors de la rentrée du déserteur, le délai de repentir est expiré et qu'il n'existe aucune justification de l'absence, le chef de corps, commandant d'établissement ou de détachement, est tenu obligatoirement de formuler une plainte (modèle n° 4, annexé à la présente instruction) qu'il soumet, par la voie hiérarchique, au général gouverneur ou commandant du corps d'armée à l'intérieur, ou au général commandant la division territoriale en Algérie, ou au général commandant la division d'occupation de Tunisie, auquel la loi attribue le droit de prononcer, en dernier ressort, sur la suite à y donner.

La plainte portée par le chef de corps doit être accompagnée des pièces suivantes :

1° Un état signalétique et des services ;

2° Un relevé des punitions ;

3° Un état indicatif des armes et effets ou objets militaires emportés par le déserteur et de ceux qu'il a rapportés ;

4° Un procès-verbal constatant l'arrestation ou la présentation volontaire du délinquant ;

5° Un exposé complet et détaillé des circonstances qui ont accompagné la désertion ;

6° Enfin, une instruction complète faite par le chef de corps ou par l'officier qu'il a délégué à cet effet, ou par le commandant du détachement.

Le général gouverneur ou commandant statue sur la plainte à lui adressée, conformément aux prescriptions de l'article 99 du Code de justice militaire ; il donne avis de sa décision à l'officier signataire de la plainte et, si l'information est ordonnée, il lui fait tenir l'ordre d'écrou de l'homme à la prison militaire.

Déserteurs poursuivis en même temps pour un crime ou un délit
devant les tribunaux ordinaires.

Art. 19. La situation juridique des hommes prévenus de désertion, qui, au moment de leur arrestation ou de leur présentation volontaire, sont, en outre, susceptibles d'être poursuivis pour un crime ou un délit les plaçant sous la compétence juridictionnelle des tribunaux de droit commun, est réglée par l'article 60 du Code de justice militaire.

Cette compétence est subordonnée à la position personnelle du coupable au moment de la perpétration du fait répréhensible. En droit, les militaires absents illégalement de leur corps doivent être considérés comme y comptant encore aussi longtemps que durent les délais de grâce accordés par la loi militaire pour se représenter, avant que le délit de désertion soit consommé; mais, aussitôt ces délais expirés, ces hommes doivent être déclarés déserteurs, et la juridiction militaire n'est plus compétente pour connaitre des infractions commises par les militaires dans cette position.

Selon les prescriptions dudit article 60, lorsqu'un justiciable des conseils de guerre est poursuivi en même temps pour un crime ou délit de la compétence des conseils de guerre, et pour un autre fait de la compétence des tribunaux ordinaires, il est traduit d'abord devant le tribunal auquel appartient la connaissance de l'infraction emportant la peine la plus grave. Pour la détermination de la juridiction à laquelle revient la priorité des poursuites, il importe de ne pas perdre de vue que les juridictions ne s'établissent ni par la déclaration de culpabilité, ni par la peine appliquée, mais bien par la peine que peut faire encourir le fait incriminé d'après sa qualification légale.

Si les crimes et délits de compétence différente emportent la même peine, le prévenu est d'abord jugé pour l'infraction ressortissant à la compétence des conseils de guerre, conformément aux prescriptions de l'article 60 du Code de justice militaire.

Lorsque le crime ou le délit commis par le militaire pendant son absence relève de la juridiction militaire, il est statué sur tous les chefs d'accusation et sur la désertion dans un jugement unique, dans les conditions prescrites par l'article 243 du Code de justice militaire, refusant le bénéfice des circonstances atténuantes au militaire reconnu coupable de désertion et condamné par le même jugement pour un fait entrainant une peine plus grave.

Extradition des déserteurs pour crime ou délit.

Art. 20. Quand un militaire a pris la fuite après avoir commis un crime ou un délit, et que l'on acquiert la certitude qu'il s'est réfugié à l'étranger, l'extradition peut être demandée si, toutefois, le fait dont il s'est rendu coupable rentre dans les prévisions des traités passés avec l'Etat où il s'est réfugié. A ce propos, il n'est point inutile de rappeler qu'aucun traité d'extradition ne comporte le délit d'insoumission ni celui de désertion.

Dans le cas où l'extradition peut être demandée, il en est aussitôt référé au général commandant, qui transmet au Ministre de la guerre les pièces nécessaires à la constatation judiciaire des faits délictueux ou criminels; ces pièces consistent en un mandat d'arrêt ou une expédition du jugement, si le conseil a déjà prononcé par contumace ou par défaut.

Aucune correspondance, ni aucune communication ne doivent être échangées avec les autorités étrangères en dehors de la voie hiérarchique et diplomatique.

En vertu du principe absolu qui a présidé à l'élaboration des divers traités d'extradition, l'individu livré ne peut être poursuivi ou jugé contradictoirement pour aucune infraction autre que celles visées dans la décision du gouvernement étranger qui a accordé l'extradition (1).

Si l'extradé demande à être poursuivi pour d'autres infractions, militaires ou non, sa demande doit être établie en deux exemplaires; l'un, visé par le commissaire du gouvernement, est adressé immédiatement au Ministre de la guerre (Bureau de la Justice militaire), le second est annexé au dossier de la procédure (1).

Les poursuites à exercer du chef de ces nouvelles infractions doivent être réservées jusqu'à décision à intervenir (1).

Lorsque le parquet militaire est en possession d'un document constatant que l'individu livré a, antérieurement à sa remise, renoncé expressément aux formalités et garanties de l'extradition, cet individu peut être poursuivi, sans autre délai ni formalité, pour toute infraction relevée à son encontre (1).

Exclus.

Art. 21. Les déserteurs qui viennent à encourir une des condamnations prévues aux deux premiers paragraphes de l'article 4 de la loi de recrutement, doivent, bien qu'exclus

donc à l'égard des exclus comme il est prescrit pour les militaires de l'armée active, les exclus coloniaux relevant du Département des colonies.

Les exclus métropolitains sont traduits devant les conseils de guerre de l'armée de terre.

Déserteurs qui excipent de la nationalité étrangère ou de la nullité de l'incorporation.

Art. 22. Quand un déserteur conteste sa nationalité, et par suite la validité de son incorporation dans l'armée française, cette contestation soulève une exception préjudicielle renfermant une question d'état que la juridiction civile peut seule résoudre, à l'exclusion de toutes autres juridictions. Dans cette hypothèse, le requérant doit être invité à se pourvoir devant le tribunal compétent, le conseil de guerre ne pouvant valablement intervenir qu'après règlement de la question d'état.

De même, lorsqu'un prévenu poursuivi pour désertion excipe de la nullité de son incorporation, en la motivant, soit sur ce qu'il était en possession d'un cas d'exemption légale, soit sur un vice de forme dans l'acte qui le lie au service, soit sur un motif quelconque d'ordre administratif, le conseil de guerre est tenu de surseoir à statuer sur le fond jusqu'à ce qu'il ait été prononcé sur la question préjudicielle par l'autorité compétente.

Officiers absents illégalement.

Art. 23. L'officier absent illégalement doit être recherché ainsi qu'il a été dit plus haut en ce qui concerne les hommes, et, s'il ne rentre pas volontairement ou n'est arrêté qu'après l'expiration du délai de six jours, il est passible des pénalités inscrites en l'article 233 du Code de justice militaire. Une plainte doit alors être portée au général gouverneur ou commandant, auquel appartient le droit de statuer conformément à l'article 99 du même code.

L'article 233, en appliquant à l'officier la peine de l'emprisonnement *pour absence de son corps* sans autorisation, a bien pu, par respect de la loi du 19 mai 1834, sur l'état des officiers, ne pas prononcer le nom de désertion, lorsque le fait s'accomplit à l'intérieur et pendant l'état de paix; mais dans toutes les autres circonstances, soit de guerre, soit de siège, soit devant l'ennemi, on n'hésite plus à déclarer l'officier *déserteur*, et à lui appliquer, de même qu'à tout autre militaire, les pénalités les plus graves, jusqu'à la mort avec dégradation militaire.

Dans le cas où l'absence illégale de l'officier se prolonge au delà de trois mois, il doit lui être fait application de l'article 1er de la loi du 19 mai 1834, et il est jugé par défaut.

Lorsqu'un officier en absence illégale est, en même temps, inculpé d'un crime ou d'un délit, il doit être suivi deux procédures distinctes à son égard : l'une, relative au fait d'absence

Il est dressé une seule et même liste comprenant, par ordre chronologique :

1º Les déserteurs qui, âgés de moins de 45 ans à la date de la dernière loi d'amnistie, n'ont pas profité de ses dispositions bienveillantes;

2º Les déserteurs âgés ou non de 45 ans à cette époque, qui ont été condamnés par contumace à des peines non encore prescrites;

3º Et les militaires qui ont déserté postérieurement à ladite loi d'amnistie.

Paris, le 21 mars 1906.

MODÈLES[1]

DÉSERTION

(A)

Déserteur qui doit être arrêté et ramené au corps.

NOM ET PRÉNOMS.	SIGNALEMENT.	ÉTAT DES SERVICES du déserteur.	JOUR OU IL A MANQUÉ à l'appel pour déserter à		CIRCONSTANCES DE LA DÉSERTION et désignation des effets qu'il a emportés.	OBSERVATIONS.
			l'intérieur	l'étranger.		
Nº matricule (B)	Fils d et d domiciliés à arrondissement d département d né le à arrondissement d département d domicilié avant son entrée au service à arrondissement d département d Cheveux : . Yeux : Front : Nez : Visage : Renseignements physionomiques complémen- taires : Taille : 1ᵐ cent. Taille rectifiée : 1ᵐ cent. Marques particulières :					(F)

(A) Indication du corps ou établissement.
(B) Le nom sera écrit en grosse bâtarde.
(C) Cette date est celle de la déclaration en état de désertion.
(D) Indication du grade.
(E) Indication de l'autorité à laquelle est adressé le signalement.
(F) Voir la nomenclature insérée à l'article 8 de l'Instruction.

A M. (E)

Certifié véritable par moi (D)
commandant l

A   , le (C)   19

(1)

MODÈLE Nº 2.

Art. 16 de l'instruc-
tion du 21 mars
1906.

FORMAT DU PAPIER :
Hauteur...... 0ᵐ,31
Largeur...... 0ᵐ,21

AVIS DE RADIATION

DU

CONTROLE DES DÉSERTEURS.

SIGNALEMENT

Né le
a
canton d
département d
résidant à
canton d
département d
Fils d
et d
domiciliés à
canton d
département d
Cheveux :
yeux :
front :
nez :
visage :
Renseignements physio-
nomiquescomplémen-
taires :

Taille 1 mètre   cent.
Taille rectifiée 1 mètre
cen¹imétres
Marques particulières :

Profession :

Le (2)
(3)   , n° matricule
déclaré déserteur le
a été rayé des contrôles de la désertion le
(4)

Prière de retourner le signalement nˡ **1 au**
corps.

A   , le   **19**

Le   commandant l

(1) Corps *ou* service.
(2) Grade.
(3) Nom et prénoms.
(4) Indiquer les causes
de la radiation et égale-
ment si l'homme est l'objet
d'une plainte en conseil
de guerre.

BULLETIN de recherches d'un militaire déserteur du

NOM ET PRÉNOMS.	ÉTAT CIVIL ET SIGNALEMENT.	ÉTAT DES SERVICES.	CIRCONSTANCES QUI ONT PRÉCÉDÉ, accompagné ou suivi l'absence.	EFFETS et ARMES EMPORTÉS.	RENSEIGNEMENTS fournis par le maire.
Nº matricule Grade	Né le à canton d département d résidant a canton d département d fils d et d domiciliés à canton d département d Cheveux : yeux : front : nez : visage : Renseignements physionomiques complémentaires : Taille 1 mètre centimètres Taille rectifiée 1 mètre centimètres Marques particulières : Profession :				

(1) Indication du corps ou établissement.
(2) Indication du grade.

A   , le   19   .

Le (2)   commandant l

(1)

PLAINTE.

MODÈLE N° 4.

Art. 18 de l'instruction du
21 mars 1906.

Format : 31 × 21.

A Monsieur (2)

Le soussigné (3)
a l'honneur de vous représenter que le nommé
                                    fils d   et

d   .   domiciliés à   canton
d   arrondissement d
département d   né le
                           canton d
arrondissement d   département
d   domicilié, avant d'entrer
au service, à   canton
d   arrondissement
d   département d
cheveux :   , yeux :
front :   , nez :   ,
visage :   . Renseignements physionomiques
complémentaires ;
taille 1 mètre   centimètres. Taille rectifiée 1 mètre
      centimètres.
Marques particulières :

Désigner ici le grade de
l'accusé, la compagnie,
le bataillon ou escadron   Entré au service le (4)
dont il fait partie, ainsi
que le numéro et l'arme
du corps auquel il appar-
tient.   Inscrit au contrôle du corps ou de l'établissement
                                  sous le n°

---

a abandonné ses drapeaux (1) le
du mois d

Indiquer s'il est présumé déserteur à l'intérieur, à l'étranger ou à l'ennemi, et quelles sont les circonstances aggravantes de la désertion.

pour déserter

et n'a plus reparu au corps ou à l'établissement
depuis cette époque jusqu'au
du mois d

Indiquer si c'est volontairement ou sous escorte.

qu'il est arrivé à
où il a été déposé à la prison du corps

Indiquer les noms, prénoms, grades et compagnies des témoins, s'il en existe.

Les témoins de la désertion sont :

Les pièces à l'appui de la procédure, au nombre
de   sont ci-jointes (2).

Pourquoi il vous demande qu'il en soit informé
afin que ledit

soit ensuite jugé conformément au Code de justice
militaire et qu'il soit donné au soussigné un récépissé de la présente plainte.

Fait à

(Signature.)

---

(1) Si l'accusé est déserteur pour n'avoir pas rejoint à l'expiration de son congé ou de sa permission, on mettra :

« Ayant obtenu un congé ou une permission, pour en jouir à dater du   jusqu'au inclus, en a dépassé la durée, et n'a pas rejoint dans le délai de faveur accordé par la loi. »

Si l'accusé est déserteur pour s'être évadé d'un hôpital, on mettra :

« S'est évadé de l'hôpital d   le   jour de l'absence constatée. »

Si l'accusé est déserteur pour s'être évadé d'un établissement pénitentiaire, on mettra :

« S'est évadé de la prison d   du pénitencier d   le   jour de l'absence constatée. »

Enfin, si l'accusé voyageait isolément d'un corps à un autre, ou à sa sortie de l'hôpital, on mettra :

« Voyageant isolément, ne s'est pas rendu à son corps dans les délais fixés par sa feuille de route. »

Dans ces deux derniers cas, on ajoutera :

« ..... et s'est absenté illégalement jusqu'au   , jour de son arrestation, ou de sa présentation volontaire à   . »

(2) Les pièces à joindre à la plainte en désertion sont énumérées à l'article 18 de l'instruction.

ᵉ CORPS D'ARMÉE.

(1)

ANNÉE

(2) TRIMESTRE.

MODÈLE Nº 5.

Article 25 de l'instruc-
tion du 21 mars 1906.
modifié le 18 mars 1916.

FORMAT :
Hauteur.... 0 31.
Largeur.... 0 21.

Etat numérique des déserteurs.

TITRE AUQUEL LES HOMMES sont liés au service.	NOMBRE DE DÉSERTEURS.	DISPEN·SÉS D'ÊTRE JUGÉS (art. 24 § 3, non-lieu, refus d'informer, etc.).	RAYÉS DES CONTROLES DE LA DÉSERTION.							
			Traduits devant un conseil de guerre.			AMNISTIÉS.	DÉCÉDÉS.	AYANT BÉNÉFICIÉ DE LA PRESCRIPTION.	TOTAL DES RADIATIONS.	TRADUITS DEVANT UN CONSEIL DE GUERRE et condamnés par contumace.	DÉSERTEURS RESTANT A RECHERCHER.
			Au sujet desquels il n'a pas encore été statué.	ACQUITTÉS.	CONDAMNÉS DÉFINITIVEMENT.						
1º Hommes en état de désertion au 19 (3). / Armée active...											
Total........											
2º Hommes déclarés déserteurs pendant le trimestre de l'année 19 (2). / Armée active...											
Total.........											
Total général.											

A le 19

(1) Corps ou établisse-
ment.

(2) Trimestre qui vient
d'expirer (1ᵉʳ, 2ᵉ, 3ᵉ, 4ᵉ).

(3) Dernier jour du tri-
mestre précédant celui qui
vient d'expirer.

TABLE DES MATIÈRES

TITRE Ier.

DISPOSITIONS GÉNÉRALES.

TITRE II.

FORMALITÉS A REMPLIR A L'ÉGARD DES DÉSERTEURS.

MODÈLES.

III. — DOCUMENTS ANNEXES

Lettre du Ministre de la justice au Ministre de la guerre relative à la désertion sur un territoire où des hostilités s'accomplissent sans qu'il y ait eu déclaration de guerre.

Paris, le 28 juin 1882.

Monsieur le Ministre et cher collègue, vous avez bien voulu me consulter sur la légalité d'une décision du conseil de revision confirmant le jugement en vertu duquel le nommé X... a été condamné à sept ans de travaux publics pour désertion à l'étranger sur un territoire en état de guerre (1).

J'estime que le conseil, en prononçant cette peine, a fait une fausse application de l'article 236, § 1er, du Code de justice militaire (vol 56) :

Tout sous-officier, caporal, brigadier ou soldat, dit cet article, est puni de cinq à dix ans de la même peine (travaux publics) si la désertion a eu lieu en temps de guerre ou d'un territoire en état de guerre.

Ainsi donc, la loi exige, pour que l'inculpé puisse être puni de cinq à dix ans de travaux publics, que la désertion ait été effectuée en temps de guerre ou d'un territoire en état de guerre.

L'article 9 de la loi constitutionnelle du 16 juillet 1875 règle la première hypothèse; il détermine les conditions dans lesquelles la guerre peut être déclarée.

D'autre part, les décrets des 24 octobre 1811 (vol. 59⁴) et 10 août 1853 (vol. 48³) énumèrent les cas dans lesquels une place de guerre peut être mise ou devient de plein droit en état de guerre, même en temps de paix. Or, aucune de ces conditions ne se trouve réalisée dans l'affaire sur laquelle a statué le conseil de revision. On ne saurait, dès lors, considérer la Tunisie comme ayant été en état de guerre au moment où le

______

(1) Il s'agissait de la Tunisie.

nommé X... a déserté. J'ajoute que l'opinion contraire serait en opposition formelle avec les déclarations faites à différentes reprises à la tribune par M. le Président du conseil.

On pourrait, cependant, opposer à cette doctrine divers arrêts de la Cour de cassation et notamment un arrêt du 19 janvier 1865. Mais j'estime que la question jugée en 1865 par la Cour de cassation ne présente aucune analogie avec celle qui est actuellement soulevée. Les arrêts rendus à cette époque ne sont, en effet, que l'application de la règle permettant à toute armée ou fraction d'armée de protéger les soldats et officiers qui la composent contre les agressions émanant des indigènes et résidents étrangers du pays qu'elle occupe, soit que l'occupation résulte de la guerre ou qu'elle soit motivée par une cause quelconque. L'armée d'occupation doit pouvoir se protéger par ses armes ou par les juridictions militaires constituées dans son sein : il a paru préférable et plus conforme à l'humanité qu'elle se protégeât par les tribunaux. Ni le conseil de guerre, ni le conseil de revision n'ont eu à se prononcer sur une question pareille. Il s'agit, dans l'espèce, de savoir si l'occupation de la Tunisie par nos troupes constitue un fait de guerre et si le tirailleur indigène X... a déserté sur un territoire étranger en état de guerre. Or, en présence des textes précités et des déclarations susmentionnées de M. le Ministre des affaires étrangères, je n'hésite pas à penser que cette question doit être résolue négativement.

Le Garde des sceaux,
Ministre de la justice et des cultes,

Par autorisation :

Le conseiller d'Etat, directeur des affaires criminelles et des grâces.

Signé : A. VETELAY.

Dépêche faisant connaître qu'un homme dont l'acte d'enga-
gement a été annulé ne peut être poursuivi pour la déser-
tion commise antérieurement à cette annulation.

Paris, le 5 octobre 1888.

Mon cher Général, j'ai l'honneur de vous renvoyer le dossier concernant le nommé X..., prévenu de désertion, dont l'engagement a été annulé postérieurement à cette désertion.

Dans un arrêt en date du 23 décembre 1858, postérieur par conséquent au Code de justice militaire, la Cour de cassation a reconnu, conformément à sa jurisprudence antérieure :

« Que, s'il suffit que l'inculpé soit incorporé et présent de fait sous les drapeaux en l'une des qualités énoncées à l'article 56 du Code de justice militaire et qu'il y fasse son service sans réclamation de sa part ni de celle de l'autorité, pour qu'il soit, en général, assujetti à la loi militaire et aux peines qu'elle prononce à raison des crimes et délits par lui commis lors même qu'il aurait été admis en vertu d'un titre irrégulier, cette règle souffre une exception en ce qui concerne la pénalité à l'égard du délit de désertion, qui a son caractère spécial;

« Qu'en effet la désertion n'est pas seulement une infraction à la discipline militaire; qu'elle est surtout une violation du contrat d'engagement et de l'obligation qui en résulte pour le prévenu ou qui lui est imposé par la loi de continuer son service; qu'aussi l'élément essentiel et indispensable de la constitution du délit est-il, avant tout, la légalité de l'incorporation et son caractère obligatoire. »

Par suite, le nommé X..., qui était lié au service en vertu d'un acte d'engagement annulé le 7 août dernier, comme entaché d'irrégularité, ne saurait être jugé à raison de sa désertion et il convient de clore les poursuites exercées de ce chef contre lui par une ordonnance de non-lieu.

Circulaire relative à la situation des militaires déserteurs poursuivis au cours de leur désertion et à la destination à leur donner après condamnation.

Paris, le 28 février 1899.

Mon cher Général, j'ai l'honneur de vous transmettre, ci-après, copie d'une circulaire que M. le Garde des sceaux a adressée, le 2 février courant, à MM. les procureurs généraux au sujet de la situation des militaires déserteurs poursuivis, au cours de leur désertion, devant les tribunaux ordinaires.

Je vous prie de donner les ordres nécessaires pour que les prescriptions contenues dans cette circulaire soient, à l'avenir, rigousêment observées.

Paris, le 2 février 1899.

Monsieur le Procureur général,

Je suis informé par M. le Ministre de la guerre que les chefs de parquet ne procèdent pas d'une façon uniforme en ce qui concerne l'exécution des jugements prononcés par les tribunaux de droit commun contre des militaires déserteurs au cours de leur désertion.

En pratique, en effet, certains condamnés sont remis, dès que la sentence est devenue définitive, à l'autorité militaire et subissent leur peine dans les établissements pénitentiaires militaires; d'autres, au contraire, sont écroués dans les prisons civiles, et il arrive parfois que, mis en liberté, à l'expiration de leur peine, sans que l'autorité militaire ait été informée, ils prolongent leur état d'absence illégale.

Il m'a paru, après m'être concerté avec M. le Ministre de la guerre, que les inconvénients résultant de cet état de choses pourraient être évités s'il était fait une application plus stricte des principes de compétence édictés dans l'article 60 du Code de justice militaire.

Cet article dispose qu'en cas de concours de la juridiction militaire avec la juridiction de droit commun, à raison de plusieurs faits imputés à un militaire, ce dernier doit être traduit d'abord devant le tribunal auquel appartient la connaissance du fait emportant la peine la plus grave, et renvoyé ensuite, pour l'autre infraction, devant le tribunal compétent.

Les circulaires de ma chancellerie des 1er octobre 1879 et 31 mai 1883, en mettant vos substituts en mesure de connaître exactement la situation militaire des prévenus, permettent à ces magistrats d'assurer l'exécution de l'article précité.

Dès lors, lorsque, après examen des renseignements recueillis sur la situation militaire d'un prévenu, le parquet est amené à penser qu'il se trouve en présence d'un déserteur, il doit se concerter immédiatement avec l'autorité militaire.

S'il est établi que l'inculpé est réellement déserteur, et si l'infraction à raison de laquelle il est poursuivi devant la juridiction de droit commun entraîne l'application d'une peine inférieure à celle qui peut être encourue du chef de désertion, il y a lieu de surseoir à toute poursuite, et de mettre l'inculpé à la disposition de l'autorité militaire pour être jugé sur cette dernière inculpation. Au contraire, la poursuite doit suivre son cours devant la juridiction de droit commun si l'infraction qui en fait l'objet est punie d'une peine supérieure à celle prévue par les articles 231 et suivants du Code de justice militaire ; et l'inculpé est, après jugement définitif, renvoyé devant la juridiction militaire.

L'autorité militaire doit s'inspirer des mêmes principes lorsque, après avoir procédé à l'arrestation d'un déserteur, elle découvre que ce dernier a commis des délits qui le rendent justiciable des tribunaux de droit commun.

L'article 60 du Code de justice militaire, après avoir établi les règles de compétence qui viennent d'être rappelées, ajoute : « En cas de double condamnation, la peine la plus forte est seule subie. »

J'ai décidé, d'accord avec mes collègues de la Guerre et de l'Intérieur, que cette peine sera subie dans une prison civile quand elle émanera de la juridiction de droit commun, et dans un établissement militaire dans le cas où elle aura été prononcée par un conseil de guerre.

Je vous prie de vouloir bien donner des instructions en ce sens à vos substituts.

Vous voudrez bien, d'ailleurs, m'accuser réception de la présente circulaire, dont vous trouverez ci-joint un nombre suffisant d'exemplaires pour chacun des parquets de votre ressort.

Recevez, Monsieur le Procureur général, l'assurance de ma considération très distinguée.

Le Garde des sceaux. Ministre de la justice,
Signé : Georges LEBRET.

—— ——

Notification d'un avis du comité du contentieux et de la justice militaire, relatif au délit commis par un territorial inculpé d'insoumission, qui a quitté le corps où il avait été placé en subsistance libre.

Paris, le 11 juin 1907.

Le comité du contentieux et de la justice militaire consulté sur la question de savoir si un territorial, inculpé d'insoumission qui a quitté le corps où il avait été placé en subsistance libre en attendant sa comparution devant un conseil de guerre, doit être considéré comme déserteur, a, dans sa séance du 8 mai 1907, émis l'avis suivant :

« Considérant que l'article 43 de la loi du 21 mars 1905 (1) sur le recrutement de l'armée définit les cas où les hommes de la réserve et de l'armée territoriale (2) sont considérés sous tous les rapports comme des militaires de l'armée active et soumis dès lors à toutes les obligations imposées par les lois et règlements en vigueur;

« Que ces cas sont strictement limités aux appels en cas de mobilisation et aux convocations pour des exercices, manœuvres ou revues ;

« Qu'une circulaire ne peut ajouter à ces cas d'appel ou de convocation et créer ainsi pour ces hommes une situation particulière entraînant les mêmes obligations, qui n'a pas été prévue par le législateur ;

« Considérant que l'article 25 de l'instruction du 20 mars 1906 et la circulaire du 25 juin 1904 ont eu pour objet d'édicter des mesures de bienveillance à l'égard des inculpés d'insoumission en général ; que la mise en subsistance dans un corps

____

(1) Article 53 de la loi du 1ᵉʳ avril 1923.
(2) Les hommes de la disponibilité et des réserves (art. 53 de la loi du 1ᵉʳ avril 1923).

de ceux qui n'ont pas de moyens suffisants d'existence ne peut avoir pour effet de les placer dans une situation plus défavorable au point de vue des obligations militaires ; qu'en conséquence, si, lorsqu'ils quittent le corps en cette situation on les déclarait déserteurs, cela reviendrait à décider qu'un inculpé d'insoumission, en liberté provisoire qui ne se tient pas à la disposition de la justice, est ou n'est pas déserteur, suivant qu'il est ou non en subsistance libre, c'est-à-dire suivant qu'il a ou non des moyens d'existence.

« Pour ces motifs, le comité est d'avis que le territorial (1) G..., qui a quitté le corps où il avait été placé en subsistance en qualité d'inculpé d'insoumission jouissant de la liberté provisoire, pour y attendre la décision judiciaire à intervenir sur le fait d'insoumission n'est pas dans le cas d'être déclaré déserteur. »

Le Ministre se rallie à cet avis.

En conséquence, les hommes de la réserve et de l'armée territoriale (2) qui se trouveraient dans le cas visé ci-dessus ne pourront être inculpés de désertion.

Circulaire portant modifications aux instructions sur l'insoumission et la désertion en ce qui concerne l'envoi des signalements n° 1 au Ministre de l'intérieur.

Paris, le 18 février. 1908.

Dans le but de donner satisfaction au désir qu'a exprimé M. le Ministre de l'intérieur de recevoir les signalements et les avis de radiation de tous les déserteurs et insoumis nés en France ou à l'étranger, les modifications suivantes sont apportées aux instructions des 20 et 21 mars 1906 sur l'insoumission et la désertion.

Instruction du 20 mars 1906.

Art. 6, dernière ligne :
Supprimer : « si l'insoumis est né à l'étranger. »

Instruction du 21 mars 1906.

Art. 8, § 7° :
Supprimer : « si le déserteur est né à l'étranger. »
En ce qui concerne les insoumis, il y aura lieu d'envoyer tous

---

(1) 2° réserve (loi du 1" avril 1923).
(2) De la disponibilité et des réserves (loi du 1" avril 1923).

les signalements concernant les jeunes soldats de la classe de 1906 ; les signalements de déserteurs concerneront seulement les hommes ayant commis le délit de désertion à partir du 1er avril 1908.

MM. les commandants des bureaux de recrutement feront parvenir le premier jour de chaque semaine, par bordereau nominatif, à M. le Ministre de l'intérieur (Direction de la Sûreté générale ; Contrôle général des services de recherches) d'une part, les signalements n° 1 et, d'autre part, les avis de radiation des insoumis ; il ne sera pas établi de bordereau « néant ».

Les signalements et les avis de radiation des déserteurs seront adressés sous le même timbre au Ministre de l'intérieur par les chefs de corps ou les commandants de détachement au fur et à mesure que les délits auront été consommés ou que la radiation aura été effectuée. Ils seront également accompagnés d'un bordereau nominatif.

Circulaire rappelant la procédure à suivre à l'égard des insoumis qui soulèvent une exception préjudicielle d'extranéité.

Paris, le 14 mars 1908.

L'attention du Ministre a été appelée sur les ordonnances de non-lieu qui seraient fréquemment rendues en faveur de jeunes gens nés en France de parents étrangers et qui, après avoir été inscrits sur les tableaux de recensement de leur classe d'âge, ont été déclarés insoumis.

Ces ordonnances de non-lieu seraient toujours basées sur ce fait que, se trouvant dans le cas prévu par l'article 11 de la loi du 21 mars 1905 (1), c'est-à-dire qu'ayant la faculté de répudier la nationalité française au cours de sa 22e année, l'intéressé n'aurait dû être porté que sur les tableaux de recensement de la classe dont la formation aurait suivi l'époque de sa majorité.

Les ordonnances ainsi motivées tranchent, par voie de conséquence, une question d'état qui ne peut être résolue que par le tribunal civil à l'exclusion de toute autre juridiction.

Les généraux commandant les corps d'armée outrepassent donc leur compétence en motivant ainsi les ordonnances dont il s'agit.

Dans ces conditions et d'une manière générale, toutes les

---

(1) Remplacé par l'article 12 de la loi du 1er avril 1923.

fois qu'au cours d'une instruction judiciaire une question préjudicielle d'état sera soulevée, il est rappelé que le général commandant le corps d'armée, si la prétention de l'inculpé est vrai-
semblable, devra lui fixer un bref délai dans lequel il aura à
saisir le tribunal civil et à justifier de ses diligences.

Sur le vu du jugement rendu sur la question d'état, le général décernera, suivant le cas, soit une ordonnance de non-lieu,
soit un ordre de mise en jugement.

Au cas où l'inculpé n'aurait pas fait diligence pour obtenir
le jugement dans le délai imparti, le conseil de guerre devra
toujours être saisi et ce tribunal militaire, sur la réquisition du
ministère public, devra surseoir à statuer dans les conditions
fixées à l'article 182 du Code forestier.

La Cour de cassation a fait application, notamment dans un
arrêt du 3 décembre 1904, de cet article, dont les dispositions
lui paraissent générales et absolues, à l'occasion d'un pourvoi
dans l'intérêt de la loi formé d'office contre une décision du
conseil de revision de Paris qui avait statué sur une question
préjudicielle.

---

*Circulaire concernant l'application de la loi du 25 mars 1909,
relative à la prescription contre l'action publique résultant
de l'insoumission.*

Paris, le 30 avril 1909.

La loi du 25 mars 1909 a complété l'article 83 (1) de la loi du
21 mars 1905, relativement à la prescription du délit d'insoumission, par la disposition qui figurait au dernier paragraphe
de l'article 73 de la loi du 15 juillet 1889.

Par suite, les insoumis dont le délit a été commis postérieurement au 28 mars 1909, date de la mise en vigueur de cette loi,
devront être maintenus sur les contrôles de l'insoumission et,
comme tels, recherchés et poursuivis jusqu'à ce qu'ils aient
atteint l'âge de cinquante-trois ans révolus.

Quant aux hommes dont le délit d'insoumission est antérieur
au 28 mars 1909, leur situation est réglée par les circulaires des
1er juin et 24 novembre 1908.

Toutefois, il demeure bien entendu que ceux d'entre eux qui,
après avoir bénéficié de la prescription triennale, seraient à

---

(1) Remplacé par l'article 90 de la loi du 1er avril 1923.

nouveau déclarés insoumis pour n'avoir pas obéi dans les délais légaux à un nouvel ordre de route, tomberaient sous l'application de la loi du 25 mars 1909.

Circulaire relative à l'établissement des signalements et des avis de radiation concernant les déserteurs et les insoumis.

Paris, le 21 décembre 1911.

L'examen des signalements et des avis de radiation établis à l'égard des déserteurs et des insoumis a donné lieu de constater les irrégularités ou omissions suivantes, lesquelles se produisent très fréquemment :

1° Les signalements des déserteurs sont parfois datés du jour où ils sont envoyés, alors qu'aux termes du renvoi (C) porté à la gauche de la formule, cette date doit être celle *de la déclaration de désertion ;*

2° L'état des services de ces délinquants est quelquefois incomplet et généralement il n'indique pas si le déserteur a été incorporé comme appelé ou en qualité d'engagé volontaire ;

3° Il arrive très souvent qu'il n'est point fait mention, dans la dernière colonne de ces signalements, qu'un exemplaire en a été adressé à chacune des autorités prévues à l'article 8 de l'instruction du 21 mars 1906 et notamment au Ministre de l'intérieur, comme le prescrit la circulaire du 18 février 1908 ;

4° Lorsqu'un déserteur est arrêté où se présente volontairement avant que le signalement ait été établi, ni le signalement ni l'avis de radiation ne sont adressés au Ministre, contrairement aux prescriptions du cinquième alinéa de l'article 12 de l'instruction du 21 mars 1906. Les contrôles tenus à l'administration centrale ne peuvent ainsi être mis à jour ;

5° Lorsqu'un déserteur ou un insoumis est arrêté ou se présente volontairement, certains chefs de corps ou de détachement et quelques commandants de recrutement croient devoir attendre, pour adresser l'avis de radiation, qu'une décision judiciaire soit intervenue, alors que cette pièce doit être transmise dès le retour du déserteur au corps ou dès que le commandant du recrutement a connaissance de l'arrestation ou de la présentation volontaire de l'insoumis ;

6° Enfin, le format des signalements et des avis de radiation n'est pas toujours conforme aux indications portées sur les modèles annexés à l'instruction sur la désertion précitée et à celle du 20 mars 1906 sur l'insoumission.

Afin d'éviter l'échange incessant de correspondance que nécessitent ces irrégularités ou omissions, les chefs de corps ou de détachement et les commandants de bureaux de recrutement devront rigoureusement tenir compte, à l'avenir, des observations ci-dessus.

Notification d'un avis du comité du contentieux et de la justice militaire en date du 12 juin 1912 relatif à la rétroactivité de la loi du 13 mars 1912 modifiant l'article 83 (alinéa 7) de la loi du 21 mars 1905 (1).

Paris, le 31 juillet 1912.

Le Comité du Contentieux et de la Justice militaire, consulté sur la question de savoir quels étaient les effets de la loi du 13 mars 1912 relativement aux diverses catégories d'insoumis ci-après :

1° Insoumis ayant déjà fait l'objet d'une information qui s'est terminée par un refus d'informer, un non-lieu ou un acquittement et qui accomplissent leur service;

2° Insoumis faisant actuellement l'objet de poursuites non encore closes le 13 mars 1912;

3° Insoumis qui, s'étant présentés à l'autorité militaire, ou ayant été arrêtés, avant la loi du 13 mars 1912, n'avaient encore été l'objet d'aucun acte d'information lors de la promulgation de cette loi,

A émis l'avis suivant :

« Considérant que les dispositions de la loi du 13 mars 1912 ne concernent pas les conséquences pénales du fait d'insoumission, mais fixent seulement pour les hommes appelés ou rappelés au service les conséquences, au point de vue du calcul de la durée effective de leur service, de la constatation de leur non-présence sous les drapeaux, c'est-à-dire d'une situation administrative contraire aux obligations que leur impose la loi de recrutement;

« Que ces dispositions ne peuvent, dès lors, être considérées

---

(1) Substituer à l'alinéa 7 de la loi du 21 mars 1905, l'alinéa 6 de l'article 90 de la loi du 1ᵉʳ avril 1923.

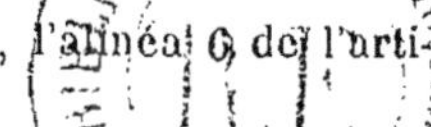

comme susceptibles de porter atteinte à un droit acquis si on les applique à des hommes qui, avant leur promulgation, étaient dans la situation de non-présence sous les drapeaux, alors qu'ils avaient été régulièrement appelés ou rappelés au service actif;

« Considérant, au surplus, que ces dispositions, rapprochées du texte du septième alinéa de l'article 83 de la loi du 21 mars 1905 (1), ont manifestement le caractère d'une loi interprétative de la loi du 21 mars 1905 (2) et doivent, dès lors, s'appliquer aux situations établies avant leur promulgation, »

Est d'avis :

« Que la loi du 13 mars 1912 est applicable aux cas visés dans les questions posées. »

Le Ministre se rallie à cet avis

Circulaire relative à la recherche des insoumis.

Bordeaux, le 11 septembre 1914.

Aux termes d'une circulaire de mon Département, en date du 3 décembre 1873, les maires doivent exiger de tout homme qui se présente pour contracter mariage la production d'un titre constatant sa position sous le rapport du recrutement.

Il importe, en effet, au plus haut point, que la situation militaire du futur époux soit très exactement connue avant la célébration du mariage.

Les maires devront donc réclamer à toute personne venant requérir la publication prévue par l'article 63 du Code civil la production du livret du futur époux et vérifier très soigneusement si ce dernier est en règle au point de vue de ses obligations militaires.

Je n'ai pas besoin d'insister sur l'intérêt que présente cette mesure pour la recherche des insoumis, à la condition, toutefois, que les maires ne négligent pas de signaler d'urgence à la gendarmerie les futurs époux qui n'auraient pas produit leur livret militaire et ceux dont la situation ne paraîtrait pas absolument régulière.

J'ai l'honneur de vous prier de vouloir bien donner aux maires des instructions précises en ce sens.

---

(1) Aujourd'hui 6ᵉ alinéa de l'article 90 de la loi du 1ᵉʳ avril 1923.
(2) Aujourd'hui loi du 1ᵉʳ avril 1923.

Circulaire relative à l'affichage des noms des insoumis pendant toute la durée de la mobilisation.

Bordeaux, le 22 septembre 1914.

J'ai l'honneur d'appeler votre attention sur les dispositions de l'article 83 de la loi du 21 mars 1905, sur le recrutement de l'armée, ci-après reproduites (vol. 68¹) (1).

Aux termes de cet article : « Si l'insoumis appartient à un corps mobilisé, ou faisant partie de troupes d'opérations, ou si son corps est stationné sur un territoire compris dans la zone des armées, les délais fixés par les paragraphes 1 et 2 sont réduits de moitié. *Dans ce cas, les noms des insoumis sont affichés pendant toute la durée de la mobilisation ou des opérations, dans toutes les communes du canton de leur domicile.* »

En vue de l'application de cette dernière disposition, j'ai décidé que les mesures suivantes seraient prises :

Chaque commandant de bureau de recrutement adressera au préfet intéressé la liste par canton des hommes domiciliés dans le département qui n'auraient pas répondu à l'ordre de convocation (sauf le cas d'excuse dûment justifiée).

MM. les préfets voudront bien, d'après les indications ainsi reçues, établir les affiches nécessaires et les faire placarder dans les conditions prévues par la loi.

Circulaire relative à l'obligation de coter et parapher les dossiers d'instruction quand ils sont communiqués par l'officier rapporteur.

Paris, le 12 octobre 1918.

J'ai constaté à plusieurs reprises que les dossiers, lorsqu'ils font l'objet d'une communication par l'officier rapporteur, ne sont, dans la plupart des cas, ni cotés ni paraphés. Cette manière de procéder comporte les plus graves inconvénients.

En conséquence, j'ai décidé que, dès que le dossier d'informa-

---

(1) Article 83 remplacé par l'article 90 de la loi du 1ᵉʳ avril 1923 (voir page 3).

tion quitte, pour une raison quelconque, le cabinet de l'officier rapporteur qui en est responsable, toutes les pièces devront être paraphées et cotées par rang d'arrivée au dossier.

En outre, un inventaire numéroté en sera dressé. Cet inventaire, signé de l'officier rapporteur et du greffier, sera placé en tête du dossier.

Circulaire relative aux mesures à prendre en vue de l'expulsion des ex-Français qui ont acquis une nationalité étrangère dans le but de se soustraire à leurs obligations militaires.

(Direction du Contentieux et de la Justice militaire;
Bureau de la Justice militaire.)

N° 23345 2/10.   Paris, le 31 août 1923.

Les insoumis et les déserteurs qui ont acquis une naturalisation étrangère dans des conditions opposables aux lois françaises n'en doivent pas moins répondre de leur délit s'il n'est pas couvert par la prescription de l'action publique.

Ceux qui, après avoir bénéficié de la prescription, pénétreront sur le sol français, feront systématiquement l'objet d'un arrêté d'expulsion rendu par M. le Ministre de l'intérieur.

Pour me permettre de signaler à mon collègue de l'intérieur tous ceux qui pourraient encourir l'application de ces mesures, je vous prie de vouloir bien inviter les commandants des bureaux de recrutement situés dans l'étendue de votre commandement à m'adresser, sous le présent timbre, un état faisant connaître, en même temps que l'état civil complet des déserteurs ou insoumis connus pour avoir été admis au bénéfice d'une nationalité étrangère dans les conditions ci-dessus indiquées, tous renseignements sur la date et les circonstances de leur infraction, ainsi que sur la date de leur naturalisation et sur leur résidence actuelle.

Un état conforme me sera désormais adressé chaque fois que les bureaux de recrutement seront avisés qu'un déserteur ou un insoumis est dans l'une des situations ci-dessus spécifiées.

Le gouvernement de la République attache le plus grand intérêt à ce que l'entrée sur le territoire français soit et demeure interdit à ceux qui ont contracté une nationalité étrangère pour se soustraire à l'heure du danger, à leurs devoirs envers la France.

Circulaire relative à la situation des insoumis qui, mis en subsistance dans un corps de troupe, s'enfuient au cours de l'information judiciaire.

(Direction du Contentieux et de la Justice militaire;
Bureau de la Justice militaire.)

N° 18 2/10 M.   Paris, le 11 juillet 1923.

Des divergences de vues ont été constatées entre l'autorité judiciaire militaire et divers commandants de bureaux de recrutement en ce qui concerne la manière d'opérer lorsqu'un insoumis arrêté ou qui s'est présenté est mis en subsistance dans un corps de troupe, sans avoir été incorporé et s'enfuit au cours de l'information judiciaire.

Les règles à suivre en pareil cas sont les suivantes :

L'insoumission prenant définitivement fin par l'arrestation ou la présentation de l'insoumis, celui-ci ne doit pas être, lorsqu'il s'enfuit dans les conditions exposées ci-dessus, réinscrit sur les contrôles de l'insoumission.

Il serait, en effet, illégal de considérer que l'état d'insoumission a été seulement interrompu et qu'il recommence par la fuite du prévenu.

L'intéressé se trouve alors dans la situation de tout préventionnaire qui s'échappe avant sa mise en jugement, avec la différence, toutefois, qu'il ne peut être inculpé de désertion, puisqu'il n'a pas été incorporé et que l'incorporation est une condition essentielle du délit de désertion (Cassation, 7 juillet 1910).

Le rapporteur reste saisi et c'est à lui qu'il appartient de décerner tous mandats d'arrêts nécessaires contre le prévenu qui se soustrait à l'action de la justice.

L'insoumis défaillant ne doit pas être jugé par défaut en raison des règles spéciales qui régissent la prescription en matière d'insoumission.

Le dossier de la procédure est conservé par le conseil de guerre qui a engagé les poursuites jusqu'à ce que le prévenu ait été arrêté ou se soit présenté.

Si cette arrestation ou cette présentation a lieu sur le territoire d'une autre circonscription judiciaire militaire, le dossier est alors transmis, après dessaisissement, au conseil de guerre qui devient compétent.

Modification à la circulaire 23345 2/10 du 31 août 1923, relative aux mesures à prendre en vue de l'expulsion des ex-Français qui ont acquis une nationalité étrangère dans le but de se soustraire à leurs obligations militaires.

(Direction du Contentieux et de la Justice militaire;
Bureau de la Justice militaire.)

Paris, le 9 novembre 1923.

La circulaire n° 23345 2/10 du 31 août 1923 (voir page 102) a prescrit aux commandants des bureaux de recrutement certaines mesures pour assurer des sanctions à l'égard des déserteurs et des insoumis qui ont acquis une nationalité étrangère dans des conditions opposables aux lois françaises.

Or, les commandants de recrutement, s'ils ont tous les éléments nécessaires en ce qui a trait aux insoumis, ne les possèdent pas toujours à l'égard des déserteurs.

Dans ces conditions, j'ai décidé que la circulaire susvisée devra, pour ces derniers, être appliquée par les chefs de corps et de services.

Je vous prie de vouloir bien appeler tout spécialement leur attention sur l'importance qui s'attache à la stricte exécution de ces prescriptions.

Circulaire prescrivant que les militaires arrêtés sous prévention de désertion pourront, dans certains cas, être déférés au conseil de guerre dont relève le lieu d'arrestation.

(Direction du Contentieux et de la Justice militaire;
Bureau de la Justice militaire.)

Paris, le 14 mars 1924.

Aux termes du dernier alinéa de l'article 14 de l'instruction du 21 mars 1906 relative à la désertion (voir page 70) : « A quelque époque que l'arrestation ait lieu, le déserteur est, en principe, ramené à son corps, en vue de l'effet moral à produire sur les hommes et afin que, l'instruction préparatoire achevée, il puisse être déféré au conseil de guerre de la circonscription territoriale dans laquelle ce corps tient garnison. »

Lorsqu'il s'agit d'une désertion commise pendant la guerre, ou bien à une date éloignée, ou encore par un militaire appartenant à un corps de troupe supprimé et dont les éléments ont été dispersés, le retour du déserteur à son ancien corps ou son envoi au corps de rattachement ne peut produire qu'un effet moral insignifiant.

Les frais de transfèrement, quelquefois élevés, ne sont plus alors justifiés par des considérations d'exemplarité.

Or, l'article 61 du Code de justice militaire permet de traduire le prévenu devant le conseil de guerre dans le ressort duquel il a été arrêté et d'éviter ainsi les dépenses devenues inutiles en raison des circonstances spéciales énumérées ci-dessus.

Dans ces conditions, il pourra être fait exception au principe posé par l'article 14 de l'instruction susvisée, autrement dit le déserteur pourra être traduit devant le conseil de guerre dans le ressort duquel il aura été arrêté, toutes les fois que les deux conditions ci-après seront réalisées :

1° Désertion commise avant l'incorporation de la plus ancienne classe présente sous les drapeaux ou par un militaire appartenant à un corps de troupe supprimé et dont les éléments ont été dispersés;

2° Absence de témoins pouvant servir à la constatation de l'identité du déserteur.

Lorsque la désertion rentrera dans les conditions de l'alinéa premier ci-dessus, le général commandant le corps d'armée informera de l'arrestation le général commandant le corps d'armée dont relève le corps ou le service auquel appartient le déserteur, en le priant d'inviter le chef de ce corps ou de ce service à établir et à envoyer les avis de radiation du contrôle de la désertion et à rechercher les témoins qui pourraient avoir connu le déserteur.

Si ces témoins ne peuvent être trouvés, le chef du corps ou service auquel appartient le déserteur, ou éventuellement du corps de rattachement, établira la plainte prévue par l'article 95 du code de justice militaire et la transmettra, accompagnée des pièces énumérées audit article, au général commandant le corps d'armée dont relève le lieu d'arrestation, par la voie hiérarchique.

S'il existe des témoins « d'identité », ce chef de corps ou de service en rendra compte, par la même voie, audit officier général et, dans ce cas, le prévenu sera transféré sur son corps ou service, conformément aux dispositions de l'article 14 de l'instruction du 21 mars 1906.

Si le conseil de guerre du lieu d'arrestation est saisi, le rapporteur devra s'assurer avec soin, par tous moyens qu'il jugera utiles, de l'identité du militaire inculpé de désertion.

Les dispositions contenues dans la présente circulaire ne s'appliquent pas aux militaires déserteurs de l'un des régiments étrangers.

Circulaire réglant les conditions d'application de l'article 9 de la loi d'amnistie du 3 janvier 1925 aux déserteurs se présentant à l'autorité militaire.

Paris, le 2 mars 1925.

L'article 9 de la loi du 3 janvier 1925 amnistie divers faits de désertion, commis antérieurement au 11 novembre 1920, même si l'état de désertion n'a pas pris fin.

Les règles suivantes devront être appliquées lorsqu'un homme se présente à l'autorité militaire, déclarant être en état de désertion et prétendant bénéficier de la disposition légale ci-dessus rappelée.

L'autorité militaire devant laquelle l'homme se présente établit un procès-verbal constatant cette présentation; elle mentionne les déclarations de l'intéressé relatives au corps auquel il appartient, la date et les circonstances de la désertion, le temps de séjour prétendu dans les unités combattantes et la désignation exacte de ces unités, les citations, blessures, réforme.

Si, des pièces produites par l'intéressé ou, à défaut, des renseignements demandés télégraphiquement à son corps ou à son bureau de recrutement, il résulte que l'homme qui se présente n'a plus de service militaire d'activité à accomplir, il est laissé en liberté, après avoir indiqué son adresse exacte, laquelle est mentionnée dans le procès-verbal de présentation. S'il est encore astreint au service militaire effectif, le commandant d'armes de la place où il s'est présenté prononce sa mise en subsistance dans un corps de troupe de la garnison.

Le procès-verbal de présentation volontaire et les pièces déposées par le déserteur sont adressées, d'urgence et directement, au général commandant la région de corps d'armée dont relève le lieu où l'homme a fait sa soumission.

Cet officier général fait procéder à toutes les vérifications qui lui paraissent utiles et, dès qu'elles sont terminées, si l'intéressé est amnistié, il invite le corps de troupe auquel le déserteur appartient à le rayer du contrôle des déserteurs et à envoyer les avis de radiation réglementaires.

Le général commandant la région de corps d'armée saisi de l'affaire informe l'intéressé du résultat des vérifications auxquelles il a fait procéder. Il prononce alors, si l'intéressé est amnistié, le changement de corps qui pourrait être nécessaire ou prend toutes mesures utiles pour que l'homme libéré du service d'activité soit, lorsqu'il est amnistié, démobilisé ou libéré par un corps de la place où il s'est retiré ou de la place la plus voisine.

Si l'homme n'est pas amnistié, une information judiciaire devient nécessaire. Le chef de corps détenteur du dossier de désertion est alors invité par le général commandant la région du lieu de présentation à établir la plainte prévue par l'article 95 du Code de justice militaire et à l'adresser au chef de la circonscription judiciaire militaire compétent.

Cet officier général prend toutes dispositions utiles pour s'assurer de la personne du déserteur non amnistié si besoin en est.

Les chefs de corps devront faire procéder aux vérifications qui leur sont demandées avec la plus extrême diligence. Tout retard non justifié qui serait apporté dans la production des renseignements nécessaires devra être signalé sous le présent timbre.

En fournissant les précisions qui leur seront demandées, les chefs de corps devront s'assurer qu'il n'existe au dossier de désertion aucun indice pouvant faire présumer qu'au cours de son absence illégale le déserteur a franchi la frontière du territoire français, ou bien qu'il a déserté à l'ennemi, ou avec complot en présence de l'ennemi, ou qu'il a été chef de complot de désertion à l'étranger, car ces diverses circonstances empêchent l'application de l'article 9 de la dernière loi d'amnistie.

Si les indications qui pourraient être à la connaissance de l'autorité militaire au sujet des circonstances énumérées à l'alinéa précédent pouvaient faire naître un doute sur le bien fondé de l'application de la loi d'amnistie, la bonne administration de la justice commanderait alors l'ouverture d'une information judiciaire destinée à déterminer le vrai caractère juridique de la désertion.

Circulaire précisant les conditions dans lesquelles doit être accordé le délai de deux mois prévu par le 4ᵉ alinéa de l'article 90 de la loi du 1ᵉʳ avril 1923, sur le recrutement de l'armée.

Paris, le 20 avril 1926.

Il a été signalé que des divergences d'interprétation s'étaient produites dans l'application du quatrième alinéa de l'article 90 de la loi du 1ᵉʳ avril 1923 sur le recrutement de l'armée.

Ce texte est ainsi conçu :

« Le délai d'insoumission est porté en temps de paix à deux mois pour les hommes affectés à des corps de l'intérieur, qui demeurent en Algérie, en Tunisie, au Maroc ou hors de France en Europe, et pour les hommes affectés à des corps de l'Afrique du Nord, qui demeurent en Europe; à six mois pour les hommes demeurant dans tout autre pays. »

Certains commandants de bureaux de recrutement ont considéré comme insoumis des hommes demeurant en Europe, affectés à des corps de troupe de l'Afrique du Nord, parce que les intéressés ne s'étaient pas présentés, un mois après la date fixée par leur ordre de route, au bureau de recrutement où ils devaient se rendre en vue de leur mise en route sur leur corps d'affectation.

Cette interprétation est erronée.

En effet, en pareil cas, l'homme n'est pas affecté au bureau de recrutement où il est convoqué; il doit seulement s'y présenter pour être mis en route sur sa destination définitive, qui est le corps d'affectation indiqué sur l'ordre de route.

Le texte légal est formel. En temps de paix, tout homme demeurant en Europe, *affecté* à un corps de troupe de l'Afrique du Nord, n'est insoumis qu'à l'expiration d'un délai de deux mois.

Par conséquent, lorsque l'intéressé n'obéit pas à l'ordre de route, dûment notifié, mentionnant son affectation à un corps de troupe de l'Afrique du Nord, et lui prescrivant de se présenter à un bureau de recrutement, il ne doit être considéré comme étant en état d'insoumission *s'il n'a pas rejoint son corps* après expiration d'un délai de deux mois.

En pareil cas, les commandants des bureaux de recrutement ne doivent prendre les mesures prescrites par les articles 6 et 7 de l'instruction du 20 mars 1906 (voir page 10) qu'après s'être assurés que l'homme convoqué à leur bureau ne s'est pas, toutefois, rendu directement au corps d'affectation indiqué sur son ordre de route.

Le Ministre de la guerre,
Paul PAINLEVÉ.

TABLES

TABLE CHRONOLOGIQUE

TABLE ALPHABÉTIQUE

O

P

S

Nº 100. — CHARLES-LAVAUZELLE ET Cⁱᵉ. — PARIS, LIMOGES, NANCY. — 1928.

www.ingramcontent.com/pod-product-compliance
Ingram Content Group UK Ltd.
Pitfield, Milton Keynes, MK11 3LW, UK
UKHW022034170726
13837UKWH00002B/599